De la Bibliothèque
du S.' de la Barrollière
g.ij.xxbj.

DAPHNIDE,
OU
L'INTEGRITÉ VICTORIEUSE.

Histoire Arragonnoise.

Par M. L'E. DE BELLEY.

A LYON,
Chez ANTOINE CHARD,
ruë Merciere à l'enseigne
du Sainct Esprit.

M. DC. XXV.
AVEC PRIVILEGE DV ROY.

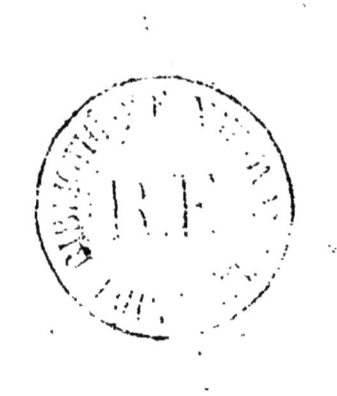

A MADAME
LA
DVCHESSE
D'ELBOEVF.

MADAME,

Dans le fonds de ces Alpes, où la condition de ma vie m'a relegué, comme en vn exil honnorable, & où Dieu m'a monstré vne terre en laquelle il veut que ie reside, en sortant de celle de mon païs, & de ma parenté : ie ne sçay rien de ce qui se passe dans ce grand Monde de Paris, qui est le Paradis de la France, ny dans le Ciel de la Cour où luisent tant d'Astres de differentes grandeurs, que par les lettres & le rapport de mes Amis, qui viuent en ces belles contrées. Si bien que ie ressemble à ces Ames qui dans les geolles de l'autre vie ne sçauent rien de ce qui se fait en celle-cy que par le ministere des Anges. Ainsi appelle-ie ces beaux Esprits qui

qui me donnent des nouuelles de ce qui se traitte en ce fameux Theatre éclairé de tãt d'yeux. Entre les autres vn des plus rares Genies, & à mon gré l'vn des plus polis Escriuains de nostre âge, & qui estant à MONSEIGNEVR LE GRAND PRIEVR DE FRANCE vostre Frere, a l'honneur de paroistre quelquesfois deuant vous, m'auertit ces iours passez qu'entre les Liures qui vous seruent d'entretien & de diuertissement, mes Histoires Pieuses

estoient assez bien receües, & que parmy les autres celle de l'inuincible Chasteté de PARTHENICE vous estoit en recommandation particuliere. I'attribuay aussi-tost cet estime à celle que vous faites de cette Reyne des Vertus, & qui reluit sur vostre front auec autant de splendeur & de majesté que fit iamais Salomon en son throsne d'yuoire. Et ie pensay que si ie parois le frontispice de quelque ouurage de pareille estoffe de vostre nom tres-illustre,
il

il ne pourroit esperer qu'vn fauorable accueil & vne heureuse protection. C'est ce que ie fay par L'Integrité Victorievse de ceste Daphnide que ie vous presente, non tant pour couronner vostre teste de son Laurier triomphant, que pour mettre ces fueilles sous l'ombre de vostre Grandeur à l'abry des foudres de la Calomnie. Car bien que ce Monstre n'espargne aucuns Autheurs, & qu'il s'attache aux plus agreables fleurs comme vne venimeuse Cantharide; si est-ce que la reuerence deüe à vostre Vertu & à vostre naissance, comme à la fille du GRAND HENRY, & qui porte en la viuacité de son esprit, & en l'éclat de ses yeux autant son image qu'aucun autre de ses enfans, doit tenir en quelque deuoir ces gens-là, qui ne sçauent lire que pour reprendre, ny parler que pour mesdire. MADAME, la briefueté de cette Histoire Arragonnoise ne me permet pas d'y deduire tant de diuerses occurrences qu'il y en en a dans la PARTHENICE que nostre Incomparable Reyne a veüe de si bon œil; mais si vous prenez la peine de la lire, & si la rareté donne plus de prix aux choses que la multitude, ie m'asseure que vous auoüerez qu'il y a icy des Auantures si memorables qu'elles feront reconnoistre que les yeux de Dieu veillent sur les Iustes, & que sa prouidence a vn soin particulier des Chastes & des Innocens. C'est dequoy vous entretiendra cette Narration, qui ne peut & pour le discours, & pour satisfaire sentir que le Sauuage, puis qu'elle sort des deserts, & que c'est vn mauuais sejour pour l'eloquence que la solitude : laquelle a au moins cela de commode pour moy, que ie n'y entends ny les approbations, ny les censures de ce que i'escris, esloigné de la vanité des eloges que mes Amis me prestent, & du déplaisir d'entendre les blasmes de ceux qui n'estiment qu'eux-mesmes. Aussi prendrois-ie mal mes mesures, si

ie

ie trauaillois pour des applaudissemens & des pretensions du Monde. Mon but est d'auancer comme ie pourray la gloire de Dieu, dans le seruice du prochain, & d'honnorer par mes veilles les personnes de rang, & de merite. Entre lesquelles, MADAME, vous m'estes en la consideration que Dieu sçait, & (si la verité ose aborder les Grands) autant pour vos excellentes Vertus que pour la qualité de Princesse. Il y a long-temps que ie me proposois de vous en rendre vn témoignage public, mais assez-tost, si assez bien, & assez bien si ie rends mon deuoir selon ma puissance. I'y suis obligé de longue main, estant né d'vn Gentilhomme ancien seruiteur de vostre Maison, & qui m'a laissé par heritage vn extreme desir de vous honnorer auecque la qualité,

MADAME, de

   Vostre tres-humble &
   tres-affectionné ser-
   uiteur selon Dieu,
   I. P. E. DE BELLEY.

Au Lecteur.

QVE cette Histoire parle d'Amour tant qu'il vous plaira, au moins aboutit-elle au triomphe & à la gloire de la Chasteté. Ceux qui la blasmeront pour estre Amoureuse, témoigneront en mesme temps leur mauuais courage enuers cette Vertu qui ne peut estre assez loüée, & dont l'exercice porte le nom d'honneur. Si bien que pensans euiter le blasme d'Amoureux, ils encourront

courront celuy de deshonnestes. En prouerbe aſſez commun l'on appelle cela ſe coupper le nez pour faire plus laide mine à ſon ennemy. Que i'ay de pitié de la foibleſſe de ces Eſprits qui ne ſçauent pas ſeparer le precieux du vil, ny la moüelle de l'eſcorce, & qui faiſans le procez à vn ouurage ſur l'etiquette du tiltre ſans paſſer plus auant en la veüe des pieces, paſſent eux-meſmes condamnation d'incompetence.

Ie hay le vulgaire ignorant,
Et ne veux qu'il s'aille enque-
    rant
De ces ouurages de ma plume,
                                Ce

Ce que ie trace en ces escrits
Est seulement pour les esprits
Qu'vn desir de bien viure
   allume.

Ouy, car si les Poëtes qui estoient les Sages entre les Ethniques, ont caché leur sagesse sous des fables, & voilé le reglement des mœurs sous des fabuleuses inuentions, pourquoy ne nous sera-t'il permis dans les salutaires exemples que nous fournissent les Histoires veritables d'inserer les bons preceptes pour la conduitte d'vne bonne vie, qui consiste tant en la fuitte du mal qu'en la suitte du bien? Auecque ces gens
qui

qui n'ont des yeux qu'en la teste, qui ne voyent que ce qui est à leurs pieds, qui s'arrestent au noyau de la lettre, sans chercher l'amendement de leurs mœurs dans l'amende qui y est enuelopée, ie n'ay rien à démesler. Il faut vne meilleure veüe, vn sens plus penetrant pour lire & pour entendre ces figures hieroglyphiques. Ces Lecteurs là diront que c'est icy la fable de Daphné desguisée en Histoire, que c'est vn conte faict à plaisir, vn discours d'Amourettes. Ils diront ce qu'il leur plaira, (car qui peut estre maistre des iugemens & des langues.)

gues.) mais ie dis ce que i'ay appris du faict estant sur les lieux où ces euenemens sont arriuez, qui bien qu'estranges n'en perdent pas vn point de leur verité pour l'opinion de tous ces Censeurs. Au fonds, le but où vise cette Narration, c'est de releuer le Triomphe de la Chasteté, Vertu aussi peu connüe dans le Monde, principalement parmy les Grands, que son contraire y est en vogue. A ton auis, Lecteur Iudicieux, est-il quelque sujet plus digne de ta lecture, & de mon employ?

APPROBATION.

IEAN CLAVDE DE VILLE, Docteur en Theologie, Chanoine en l'Eglise S. Paul de Lyon, & deputé à l'Approbation des Liures en ce Diocese, par Monseigneur DENYS SIMON DE MARQVEMONT, Illustrissime & Reuerendissime Archeuesque de Lyon: Faisons foy auoir veu le DAPHNIDE *du R.^{me} P. en Dieu Messire* IEAN PIERRE CAMVS, *Euesque & Seigneur de Belley, Prince du Sainct Empire, Conseiller du Roy en ses Conseils d'Estat & Priué*; & contenir discours tousiours dignes de sa Pieté & de sa plume, & tousjours conduisans à la deuotion Chrestienne. A sainct Paul de Lyon, ce trentiesme Aoust, mil six cens vingt cinq.

I. C. DE VILLE.

APPROBATION.

JE souffigné pareillement ay veu le DAPHNIDE *de Monsieur le R^{me}. Euesque de Belley*, lequel ne contrarie point à la vraye foy Catholique, ains ressentant incessamment le zele & pieté de son Autheur, anime d'autant plus les Ames Chrestiennes à la vraye & parfaite deuotion. Faict à Lyon au Conuent S. Bonauenture, ce premier iour de Septembre, mil six cens vingt cinq.

Fr. BERNARDIN MOLLIASSON, *Licentié Theologien en la faculté de Paris, & Lecteur audit Conuent.*

Confentement.

JE n'empefche pour le Roy l'impreffion du Liure intitulé le DAPHNIDE *de Monfieur l'Euefque de Belley* eftre faicte par Antoine Chard, marchand Libraire à Lyon. Ce 1. Septembre, 1625.

PVGET.

Permiffion.

IL eft permis à Antoine Chard d'imprimer le Liure intitulé DAPHNIDE, composé *par Monfieur l'Euefque de Belley*, auec deffences en tel cas requifes. Ce deuxiefme Septembre, 1625.

DE CHAPONAY.

Priuilege du Roy.

LOVYS par la Grace de Dieu Roy de Frāce & de Nauarre; A nos amez & feaux Cōseillers les gēs tenans nos Cours de Parlement, Baillifs, Seneschaux, Preuosts, ou leurs Lieutenans, & à tous autres nos Iusticiers & Officiers qu'il appartiendra, Salut. Nostre bien amé ANTOINE CHARD, marchand Libraire à Lyon, Nous a faict remōstrer qu'il a recouuert vn Liure intitulé, *Daphnide du R^{me} P. en Dieu Messire* IEAN PIERRE CAMVS, *Euesque & Seigneur de Belley, Prince du Sainct Empire, Conseiller du Roy en ses Conseils d'Estat & Priué*; lequel il desireroit mettre en lumiere s'il auoit sur ce nos Lettres à ce requises & necessaires. A ces causes desirans bien & fauorablement traitter ledit exposant, & qu'il ne soit frustré des fruicts de son labeur, luy auons permis & octroyé, permettons & octroyons de grace speciale par ces presentes, imprimer ou faire imprimer en telle marge & charactere que bon luy semblera ledit Liure,

ure, iceluy mettre & expoſer en vente & diſtribuer durant le temps de ſix ans, à commencer du iour qu'il ſera acheué d'imprimer, deffendant à tous Imprimeurs, Libraires, eſtrangers, & autres perſonnes de quelque qualité qu'ils ſoient, d'imprimer ou faire imprimer, ny mettre en vente durant ledit temps ledit Liure, ſous couleur de fauſſes marques & autres deſguiſemés, ſans le conſentement & permiſſion dudit expoſant, ou de ceux ayans charge de luy, ſur peine de confiſcation d'iceluy, de quinze cés liures d'amende, & de tous deſpens, dommages & intereſts enuers luy. A la charge d'en mettre deux exéplaires en noſtre Bibliotheque publique, auant que l'expoſer en vente, ſuiuant noſtre Reglement, à peine d'eſtre deſcheu du preſent Priuilege.

SI VOVS MANDONS que du contenu en ces preſentes vous faciez, ſouffriez, & laiſſiez ioüir ledit CHARD pleinement, & paiſiblement, & à ce faire ſouffrir & obeïr tous ceux qu'il appartiendra, en mettant au commencement ou à la fin dudit Liure ces preſentes, ou vn bref extraict d'icelles,
vou

lons qu'elles foyent tenuës pour deüement fignifiées, & qu'à la collation foy foit adjouftée comme au prefent original; car tel eft noftre plaifir. Donné à Fontaine-bleau le trezieme iour du mois d'Aouft, l'an de grace mil fix cens vingt cinq. Et de noftre regne le feiziefme.

Par le Roy en fon Confeil,

Signé RENOVARD.

Et feellé du grand feel en cire jaune.

Acheué d'imprimer le 4. Septembre, mil fix cens vingt cinq.

DAPHNIDE,
LIVRE PREMIER.

A LA descente des Pyrenées, sous le port de Canfran, se treuue la Cité de Iaca, dont la fameuse forteresse fait vne des Clefs non seulement du Royaume d'Arragon, mais de toute l'Espagne. Entre Iaca & la grāde ville de Sarragoce Metropolitaine de la Prouince, & qui pour la beauté de son assiette, la magnificen-
A

ce de ses Eglises, la somptuosité de ses palais, la splendeur
de la Iustice, & la fertilité de
son territoire en a peu qui la
surpassent; il y auoit vn Seigneur de marque, dont l'humeur bien differente des autres de sa nation fuyoit le sejour des villes, & ne se plaisoit
qu'à la campagne. Ie ne sçay
d'où peut estre venu ce prouerbe, de bastir des Cha-
steaux en Espagne, pour dire
forger des Chimeres en l'air;
car bien qu'ils ne soient pas si
frequens comme ils sont en
la France, si est-ce qu'il y en a,
selon le païs qui est assez de-
peuplé, vn assez bon nombre,
& qui

& qui ont aſſez belle apparence, bien qu'ils ne ſoient pas forts, à cauſe de la deffenſe de les flanquer, pour ne faire dans le cœur du païs des Citadelles, qui ſont autant de retraittes pour la tyrannie. Il eſt bien vray que ces demeures ſont fort peu habitées, parce que la Nobleſſe ſe plaiſt d'auantage dans les villes, où les chaleurs ſont plus ſupportables, & où la conuerſation rend la vie moins ennuyeuſe qu'en la ſolitude. En France (qui eſt pour ſes couſtumes le reuers de l'Eſpagne) nos Gentilshommes fuyent le ſejour des villes, où côme des Eſaus ils se voyent supplantez par des Iacobs, qui sont les Magistrats, ausquels ne voulans pas ceder, comme à des gens qui ne tiennent que le troisiesme rang en l'assemblée des Estats du Royaume, ils euitent leur rencontre, & se retirans aux champs dans leurs terres & Seigneuries, ils exercent sur les gens du plat païs & sur leurs subjets vn petit Empire, auecque plus d'éclat & d'auctorité qu'ils n'en ont dans les Citez. Ce Seigneur dont ie veux parler, soit qu'il eust pratiqué en France, soit que son humeur solitaire le rendist moins desireux

sireux des compagnies qui se treuuent aux villes, ou qu'il iugeast qu'en la fuite des objets qui peuuent conuier au mal, on meine vne vie plus innocente, & que celle qui se passe dans les simples & naturelles delices des champs a plus d'alliance auecque la vertu : tant y a qu'il se tenoit en sa maison comme vn Planete dans sa sphere, où il reluisoit à tout le voisinage en toute sorte de pieté & de bon exemple. Il n'alloit à Sarragoce que quand la necessité de ses affaires l'y appelloit, content de posseder en paix vn grand & riche patrimoine qu'il auoit eu par heritage de ses predecesseurs, & en le conseruant l'accroistre par son espargne plustost que de le cõsumer à la suitte des Roys, ou dans les armes, lieux où souuent pensant auancer sa fortune on y en treuue la decadence & la ruine. En quoy la diuine Prouidence tesmoigne sa Iustice, en faisant perdre le corps à ceux qui cherchent l'ombre, & en humiliant par vne honteuse pauureté ceux qui enniurez des fumées de l'ambition, se sont engagez pour se porter par des despenses superflues aux honneurs que la vanité du monde

monde fait briller deuant les yeux mal-sains de ceux qui ne considerent que les apparences. C'est neantmoins vn fleau qui semble accompagner necessairement les personnes riches(sur tout en cette contrée là, où le vent de la grandeur souffle auecque beaucoup d'impetuosité) que de desirer se tirer hors du commun par quelques tiltres esleuez; ce que fit ce Seigneur, qui se voyant en opulence par vne grande espargne, acheta vn Marquisat dans le Royaume de Valéce, qui luy donna la qualité de Marquis. Ayant mis la borne à ses pre-

tensions, sans se soucier des charges publiques, qui ne peuuent estre sans beaucoup d'affaires, & ces affaires sans de grandes inquietudes, il viuoit en repos dans l'heritage de ses Peres, comme dans le centre de ses contentemens. Le Prouerbe Castillan dit que les grands Seigneurs en Espagne sont Roys dans leurs terres; & de faict en la Iustice criminelle ils ont sur leurs vassaux vn pouuoir fort absolu, principalement en Arragon & en Catalogne, où les tiltres sont en quelque façon semblables à ces petits Princes de l'Empire qui sont en
Alle

Allemagne, lesquels sont Souuerains pour le crime, bien qu'és causes ciuiles il y ait appel de leurs Iustices à celle de l'Empereur. Cettuy-cy dont i'escris, regnoit dans sa Iurisdiction d'vne façon si douce, & comme dit cet Ancien, d'vne main si languide, qu'estát plus aimé que craint de ses sujets, il en estoit honnoré comme Pere, non redouté comme Tyran. Il estoit addonné à la Pieté, & apres auoir donné à la deuotion les heures conuenables qu'il y auoit destinées, il auoit les Liures pour l'exercice de son esprit, & quand la saison & le temps le permettoiét, il auoit la chasse pour celuy de son corps ; c'estoit selon le precepte de cet Ancien,

Dedans vn corps bien sain
pour auoir l'ame saine.

Sa famille bien reglée & bien policée faisoit voir la prudence & vertu du chef, qui sçauoit dextrement influer en ses inferieurs les qualitez qui leur estoient conuenables pour mener vne bonne & agreable vie. Celle que Dieu luy auoit donnée pour compagne, meubla sa maison de quatre enfans, deux masles & deux femelles ; & comme il y auoit vne grande correspon

LIVRE I.

respondance d'humeurs & de volontez entre le mary & la femme, leur lignée se trouua fort docile & susceptible des impressions de la vertu. Voyla comme se rencontre veritable ce que le Psalmiste inspiré de Dieu a chanté en son premier Cantique, touchant celuy qui ne s'est point laissé aller au train des pecheurs, & au courant des vanitez du siecle, mais qui a mis sa volonté en la loy du Seigneur, & qui en faict de iour & de nuict l'object & l'entretien de sa pensée. Cest homme-là est comme le bois planté sur le courant des eaux, qui a

touſiours ſes fueilles fraiſches & verdoyantes, & qui ameine heureuſement ſon fruict à maturité. bref à qui toutes choſes reüſſiſſent à bien, & qui ſe reconnoiſt auoir en tout ce qu'il fait vn ſuccés proſpere. La memoire du Iuſte, dit la parole ſacrée, ſera en benediction, & portera auecque ſoy vne odeur plus agreable que celle des plus doux & ſuaues parfums. Ce qui eſt verifié en cet hôme de bien, duquel le ſouuenir eſt ſi vif au ſouuenir de ces peuples qui ont veſcu ſous ſa ſujection, qu'on ne peut paſſer par ſa terre, qui eſt ſur le grand
che

chemin qui meine à Sarragoce, que l'on n'y soit entretenu des œuures de Pieté dont il les a edifiez, & dont on ne voye les marques en tant d'ornemens & de belles despenses qu'il a faictes en l'Eglise qui est à l'entrée de son Chasteau. Ce qui me fait souuenir de ce mot du Sage parlant du Iuste ; Les hommes raconteront sa prudence, & l'Eglise des Saincts celebrera ses aumosnes & liberalitez. Tout ainsi que les arbres entez de bons greffes produisent des fruicts excellens, aussi est-ce vn grand auantage pour estre bon que de naistre
de

de gens de bien: car outre que l'on est, comme dit cet Ancien, formé de bonne argile, l'institution qui est vne autre nature, ne peut-estre qu'heureuse, quand elle prouient de personnes qui font profession de la vertu. Segeric, ainsi s'appelloit le Marquis, eut donc de Tendie sa femme deux fils, dont l'aisné qui fut son successeur, portoit le nom de Bamba, & le Cadet celuy de Vallias. des deux filles l'vne s'appelloit Hieraque, & l'autre Laure, & par vn diminutif de mignardise (ce qui est fort vsité en Espagne) Laurette. Ces ieunes aiglons ne
dege

degenerans point de la vertu de leurs anceſtres, regarderent fixement dés leurs tendres ans le Soleil de la Pieté. Quand il paſſoit des Religieux par cette maiſon, où il y auoit vn departement deſtiné à leur reception, & qui eſtoit compoſé de cellules en forme de petit dortoir, on ne pouuoit arracher cette ieuneſſe d'entre les bras de ces ſeruiteurs de Dieu, tant elle leur portoit d'affection. Les enfans ſont de petits ſinges, qui contrefont tout ce qu'ils voyent faire à leurs parens, & comme ceux-cy voyoient le bon accueil & les receptions

honno

honnorables que leur Pere & leur Mere faisoient à ceux qui par la saincteté de leur vie exemplaire sont le sel de la terre, & la lumiere du monde, ils les imitoient en cela, bienueignant par leurs caresses enfantines ceux qui se rendent par la douceur, simplicité, & humilité de leur religieuse profession, semblables aux petits enfans pour se donner accez au Royaume des cieux. De cette façon s'imprima en ces tédres ames vn certain desir de seruir Dieu, à l'imitation de ceux où ils voyoient de si rares marques de pieté & de modestie.

Certes

Certes comme les agneaux de Iacob prenoient les couleurs qui prouenoient des baguettes qu'il expoſoit aux yeux des oüailles, & tout ainſi que les perdrix des hautes montagnes à force de voir la neige font deuenir leurs plumes blanches; de meſme la cõuerſation des gens de bien laiſſe des bonnes qualitez dãs les ames diſpoſées à receuoir les ſalutaires impreſſions qui procedent d'vne ſaincte vie, en la meſme façon que l'éclat ſort de la pierre precieuſe. Ces enfans dés leurs plus tendres ans ne parloient que des Religieux & des Religions, &
bien

bien qu'ils ne fuſſent pas dans vne ville, où la veüe de ceux qui meinent ce genre de vie ſequeſtré du monde, jette par ſa frequence de plus puiſſans attraits dans les cœurs, neantmoins ces petits eſprits ne laiſſoient pas és paſſages des perſonnes Religieuſes de prédre gouſt à cette ſaincte vacation. Cela eſtoit bien agreable au Pere & à la Mere, qui auoient beaucoup de pieté; neantmoins il y auoit touſiours quelque repugnance dans la chair & le ſang, laquelle prouenoit de ce deſir ſi naturel à tous les hommes mariez de renaiſtre en leur
poſte

posterité. Et Dieu qui voyoit les bonnes intentions de ces cœurs, ne les frustra pas de leur attente, mais partageant auec eux leur lignée ; il en tira deux à son seruice dans l'estat Monastique en la façon que vous entendrez, & en laissa deux dans le Monde, qui par de belles alliances soustindrent la maison de Segeric. Quand l'âge d'enuoyer ses fils aux estudes & aux Academies fut arriué, ce bon Pere les fit conduire à Sarragoce, Cité des plus polies & accomplies qui soient en Espagne. Et parce que tous deux auoient mesme

dessein

dessein de se donner à Dieu, le Marquis recommanda à leur Gouuerneur qu'il entretinst le Cadet en cette volonté, se promettant de l'auancer en l'estat Ecclesiastique, mais d'en destourner autant qu'il pourroit l'aisné, en luy remonstrant qu'il deuoit estre le soustien de la maison, & en porter le nom & les armes. Et d'effect il fit mettre celuy-là à l'Academie des exercices propres à vn homme que l'on destine au maniment des armes, & l'autre en celle qui enseigne les lettres. Mais la prudence humaine qui est vne folie deuant Dieu, fut renuersée

LIVRE I. 21

uersée par la celeste Prouidence, tant il est vray qu'il n'est point de force, ny de conseil qui puisse subsister deuant le Seigneur, ny rien qui puisse resister à sa volonté. L'Eternel croisa ses bras, comme iadis Iacob, & renuersant les dispositions de la chair & du sang, ordinairement opposée à l'Esprit d'enhaut, il inspira puissamment l'aisné à quitter le Monde, & laissa le Cadet en des mouuemens languissans. Ce n'est pas mon dessein de m'estendre sur la vocation de cet aisné, duquel ie ne descris pas icy l'Histoire, il me suffit de dire

dire qu'il imita S. Bernard, qui prit pour son droict de primogeniture le sort du Seigneur, c'est à dire l'estat Clerical ou Ecclesiastique, laissant à ses Cadets l'heritage de la terre, pour mettre sa portion & son lot en celle des viuans. Et pour seruir Dieu en vne condition plus perfaitte & plus seure, il se ietta dans vn Cloistre de Trinitains reformez (qui sont des Peres fort estimez en Espagne) où il profita en sorte en la bonté, en la discipline, & en la science religieuse, qu'il a reüssi celebre Predicateur & grād seruiteur de Dieu. Quelque
deuo

deuotion qu'euſſent le Marquis & ſa femme, ſi fut-elle esbranſlée par cet éclat de tempeſte qui les ſaiſit inopinement: car ce ieune Seigneur imitant Iacob qui ſortit de la maiſon de Laban ſans l'en auertir, quitta le Monde ſans prendre congé de ſes parens, & ſceut-on pluſtoſt (tant il fut ſecret) ſa reception que ſa deliberation. Le Pere né pouuant oppoſer à cette atteinte que le bouclier de la patience, pour ne perdre tout à faict l'eſtincelle qui luy reſtoit en la perſonne de ſon Cadet, le retira de l'eſtude, & l'ayant rappellé aupres de de soy, le garda soigneusement sous ses aisles, comme vne poule empressée feroit son petit poussin, & le fit esleuer & instruire en sa maison tant aux lettres comme aux exercices conuenables à vn Gentilhomme de sa qualité. Des deux filles l'aisnée fut mariée non sans beaucoup de souspirs à vn Seigneur Cathalan, qui la tira aussi tost de la maison de son pere pour la conduire en ses terres & la rendre maistresse de son bien comme elle l'estoit de son cœur & de son corps. Resta en la maisõ la Cadette, qui est celle dont nous voulons reciter

LIVRE I.

reciter les saintes auantures pour la consolation de ceux qui prendront la peine de les lire: ce qui ne sera point, comme ie me persuade, sans quelque sorte de fruict, & sans l'aide de Dieu qui tient tousjours les siens par la main droitte pour les conduire en sa volonté & les acheminer à sa gloire. Il y a plusieurs filles en Espagne lesquelles ou par deffaut des moyens temporels, ou par le manquement des forces corporelles, ou pour n'auoir point d'assez puissante vocation pour se ietter en vn cloistre demeurent dans les maisons de leurs

B

parens & y viuent sous le vœu de perpetuelle chasteté comme des Religieuses, en se consacrant au seruice de leurs parens ou necessiteux ou vieux ou infirmes, & apres leur trespas au seruice des pauures & aux œuures de misericorde. On les appelle communemét *Las Beatas de casa*, les Beates de la maison ou de la famille. Leur vestement est commun, mais pour l'ordinaire (ce qui est assez familier aux Dames d'Espagne qui viuent dans le siecle) elles portent la couleur & vne façon qui approche de celuy de l'ordre Religieux auquel elles ont plus
de

de deuotion. Les maisons où il y a des filles qui viuent de cette façon se tiennent bien fortunées, comme si en cette sorte de Vestales Chrestiennes estoit enserré leur bonheur, comme les Troyens mettoient le leur en la conseruation du bouclier de Pallas. Si bien qu'elles chanteroient volōtiers en cette consideration ce motet du diuin Chantre: Bienheureux le peuple qui a cette grace, & bienheureux celuy de qui le Seigneur est Dieu, & qui luy appartient par vne deuotion speciale. Ces filles par cette façon de vie auctorisée de

l'aueu de leurs parens mettent vne forte opposition aux vanitez & mignardises du monde, & se deliurẽt de l'importunité des poursuiuans qui destournent d'elles leurs affections, les voyans preuenuës d'vne autre amour, & consacrées à vn Espoux admiré de la Lune & du Soleil, & adoré dans le Ciel & en la terre par les Anges & les hommes. Semblables en cela aux abeilles qui pour escarter de leurs ruches les araignées & les freslons, en bouchent l'entrée auecque de la ruë, herbe forte & salutaire; de laquelle ces animaux inutiles
&ve

& venimeux craignent d'approcher. Et c'est par auanture pour cela que l'Amante sacrée faict reposer son diuin Amant sur sa chaste poitrine & au milieu de ses mammelles comme vn bouquet de myrrhe amere dont vne fille orneroit son sein pour faire vn bouclier de la souuenance du Sauueur crucifié contre les traits du monde & les attraits des voluptez illegitimes. Laurette par la permission de son Pere & de sa Mere se fit du nombre de ces Beates, soit qu'elle fut retenuë en la maison paternelle pour le tendre amour qu'elle auoit pour ses parens, soit que ses parens l'aimassent mieux consacrer à Dieu en cette sorte la retenāt chez eux que s'en priuant tout à faict en la laissant ietter dans vn cloistre, soit que pour n'auoir pas frequenté en des monasteres des filles, elle ne peust tourner son desir vers vn bien qui luy estoit incōnu, soit qu'elle n'eust point de vocation pour cela, soit que son attraict particulier la portast à viure dās le monde en la mesme maniere que les meres perles dans le sein de la mer sans y perdre vn seul point de sa candeur & de sa perfection. Soit qu'elle n'eust n'eust pas encore assez de courage pour franchir ce grand sault qui pousse les ames dans l'entreprise de la vie Religieuse, ou soit en fin que la delicatesse de sa complexion mist lors quelque obstacle à ce dessein. Et à dire la verité Dieu par tant de voyes faict surgir à bon port, & faict donner au but de la perfection par tant de voyes que ce seroit imprudence & peut-estre impudence de blasmer ceux qui se tiennent en vn estat mediocre n'osans aspirer à vn plus releué, veu que le Paradis n'estat pas faict pour les seuls Religieux il y a mille moyens de se sauuer dedans le monde. Les deux Tributs d'Israël qui demeurerent au dela du Iourdain sans entrer en la terre de promesse ne laisserent pas de tenir rang entre le peuple de Dieu. Encore y a-t'il des Alcyons qui peuuent faire leur nid sans faire naufrage sur les ondes du siecle. Et l'experience faict voir en Espagne que ces Beates domestiques non seulement y font leur salut auecque beaucoup de saincteté & de bon exemple, mais y sont cause de celuy de plusieurs qu'elles attirent à l'amour de la vertu par la suauité du parfum

fum de leur bonne vie. Et affin que ce mot de Beate n'offence point ny les mœurs ny les oreilles Françoises (car il y a de minces esprits qui se scandalizent de tout ce qui leur est nouueau ne treuuans rien de bien faict ny de bien dit que ce qu'ils ont accoustumé de voir ou d'entendre) il sera bon de sçauoir que ce mot de Beat ou de Bienheureux estoit en vsage fort frequent en l'Eglise ancienne, de sorte que le titre de beatitude se donnoit non seulement aux Euesques mesme par les Papes (ce que sçauent fort bien ceux qui sont tant soit peu versez en la lecture des Peres) mais aussi aux Prestres & aux personnes religieuses indistinctement, façon de parler dont il reste encore quelques traces en plusieurs endroits de nostre France où le simple vulgaire nomme les Religieux Beaux Peres, au lieu de dire comme iadis Beats Peres. Et à dire la verité, si ceux la sont appellez bienheureux en l'Escriture qui craignent Dieu, qui n'esperent point aux thresors de la terre, qui se sequestrent de la compagnie des meschans, qui viuent sans tache & sans reproche, qui font les œuures de de misericorde, qui sont humbles, debonnaires, qui pleurent leurs fautes & celles du monde, qui sont affamez & alterez de Iustice, qui ont le cœur net, qui sont paisible, & qui endurent les persecutions auecque patience: pourquoy ne iouyrons pas de mesme titre ceux qui pratiquent toutes ces choses ensemble; & qui par la condition de leur vie deuotieuse ou aspirent à la perfection de leur estat, ou se treuuent par leurs vœux en l'estat de perfection. Ce qui est donc moins en vsage en France & dit par le menu peuple qui ne s'entend pas en ce qu'il profere estant commun en Espagne, doit oster l'estonnement de cette sorte de titre à tout homme de bon sens; & laisser aux esprits foibles & minces cette imagination scandaleuse que cette maniere de parler canonize les personnes qui sont encore en vie, desquelles on ne sçait asseurément si elles sont dignes d'amour ou de haine, veu que tous ceux qui viuent sur la terre sont estrangers & pelerins deuant Dieu, & incertains s'ils mourront en grace ou en disgrace, d'autant que le bonheur de mourir en Dieu est vne faueur speciale

speciale qui n'eſt pas communiquée à tout le monde; autrement il n'y auroit point de reprouuez. Ce ne fut point ſans de grands combats que les parens de Laurette luy permirent de ſe ranger à ce genre de vie : car bien qu'ils euſſent de la pieté, ſi eſt-ce que les conſiderations ſenſibles & mondaines ont tant de force, que ſouuent elles ſuffoquent l'eſprit de Dieu, côme la zizanie le bon grain. Mais le rayon du Soleil deſpoüillant pluſtoſt l'homme que la bize, ie veux dire la douceur ayant plus de pouuoir à flechir le cœur humain que

que la violence, cette vierge prudente mefnagea fi accortement cette licence qu'elle fe treuua prefque infenfiblement au nombre des Beates. Il y a dans l'Efpagne plufieurs perfonnes feculieres & mariées tant de l'vn que de l'autre fexe qui portent l'habit, ou du troifiefme Ordre de S. François, ou de quelque autre Religion que les Dames qui font affectiōnées par vne fpeciale deuotion à quelque confrairie portent communement la couleur de l'habit de l'Ordre ou elle eft erigée. Celles qui font du Cordon de S. François vont veftuës de gris,

gris, celles qui ont plus d'inclination à la confrairie de noſtre Dame du Carmel vót veſtuës de tanné, celles qui affectiónées au ſainct Roſaire ont vne reuerence particuliere à l'Ordre de S. Dominique ſe veſtent de blanc. Et cette façon de s'habiller eſt d'autant moins eſtrange que toutes là deſſus portent de grandes mantes de creſpe qui les voilent depuis la teſte iuſqu'aux pieds, ſi bien qu'il eſt malaiſé de diſcerner aiſémét de quelle façon elles ſont veſtuës. Laurette commença ſa deuotion par le Roſaire, & puis l'ayant tournée vers l'Ordre

dre de S. Dominique lequel a la direction de cette celebre confrairie elle se couurit de l'habit blanc que portent les tertiaires de cette sainte Congregation, affin d'imiter en quelque maniere saincte Catherine de Sienne qui fut l'ornement de cet Ordre, & qui seruit si long temps & auec vne perfection si eminente son Pere, sa Mere & ses freres en leur propre maison. D'abbord ont crût que cest habit qui est mesme porté par des femmes mariées ne la retireroit pas des pensées du mariage si quelque party venoit à se presenter. Mais la sage

sage fille cachoit son dessein sous cette apparence en la façon que les arbres conseruent leurs fruicts sous leurs fueilles, & gardant son secret dans soy le maintenoit comme vn fort couuert, auecque d'autant plus d'asseurance qu'il estoit moins euenté. La deuotion aussi est semblable au parfum & aux onguens precieux qui ne se maintiennent en leur force & en leur entier qu'en des vaisseaux cachettez en des boëttes bien closes. Tout ainsi que la B. Catherine de Sienne fut inquietée & troublée expressément par ses parens affin de luy arracher
du

du cœur la resolution qu'elle auoit faite de se donner à Dieu sous le vœu de virginité perpetuelle: de mesme nostre Laurette fut non pas certes si duremét que celle-là, mais doucement, & neantmoins rudement tourmentée par les siens quand ils s'apperçeurent que non contente de porter l'habit de S. Dominique, elle desiroit par le vœu de continence se mettre au nombre des Beates. Son Pere la reprenant d'inconsideration en ce project la rudoya quelquesfois de parole, mais les larmes de sa Mere dont elle accompagnoit ses prieres luy estoiét bien

bien plus difficiles à supporter,
que les mots aspres & picquans
de l'autre, tant il est
vray que la benignité a plus
de puissance sur le cœur humain
que la seuerité, pareille
en cela à l'acier qui est d'autant
plus fort que le fer que sa
trempe est plus douce. Mais
en fin elle demeura victorieuse
de ces duretez & de ces tendresses,
faisant voir la verité
de cette parole sacrée : Ceux
qui se confient en Dieu, ne seront
non plus esmeus dans
les agitations de la vie que la
montagne de Sion, dont le
faiste asseuré deffie les vents
& braue les orages. Elle posseda

seda son ame en patience parmy les oppositions que l'on faisoit à son desir, se souuenant de celuy qui pour l'amour de nous auoit souffert tant de contradictions contre soy-mesme. A la fin tout cede à la perseuerance, & si la goutte caue la pierre, beaucoup plus vne cõstante humilité gaignera-telle des cœurs endurcis. Les parens apres luy auoir remonstré plusieurs fois la difficulté de son entreprise, & ayans receu pour responce que les plus foibles pouuoiẽt tout quand Dieu les assistoit, que tout estoit possible à la grace celeste laquelle se plaisoit

soit à eslire l'infirmité pour confondre la force, & voyans que les raisons humaines qu'ils luy pouuoient proposer pour l'inuiter au mariage, estoient des boules de neige deuant le Soleil, furent doucement pressez de permettre ce qu'ils ne pouuoient empescher. Voila donc nostre Laurette sous le nom de sœur Laure au nombre des Beates, & apres quelques années d'essay en cette sorte de vie, apres vne meure deliberation, & comme conseille l'Apostre, sans necessité ny contrainte elle fit vœu de perpetuelle virginité entre les mains d'vn Pere

Pere Dominicain qui la receut au nombre des Sœurs de son troisiesme Ordre. De dire les seruices qu'elle rendoit en la maison de son Pere, sa vigilance à tous les deuoirs qu'vne fille bien nourrie doit à ses parens, le bon exemple de sa vie, sa benignité enuers les domestiques, son soin enuers les malades, sa charité vers les pauures, son zele enuers les pelerins & estrangers, & sur tout enuers les Ecclesiastiques & Religieux qu'elle honnoroit comme les Anges visibles du Seigneur des armées. bref comme en toutes choses, selon le conseil de l'Apo l'Apoſtre elle ſe rendoit vn exemplaire de bonnes œuures ; il ne me ſemble point neceſſaire puis que la ſuitte de ce Narré fera voir en elle des choſes au deſſus de tout cela : & particulierement en deux euenemens fort remarquables. Il arriue ordinairement que les viandes qui nous ſont en horreur quand nous ſommes malades, ſont celles qui ſont le plus à noſtre gouſt quand nous ſommes ſains. Les parens qui attachez à la terre auoient à contrecœur ſa deuotieuſe determination la voyant ſi pieuſe & ſi accomplie en ce qu'elle

auoit

auoit entrepris, la tindrent comme leur Ange tutelaire & l'eurent en singulieres delices. C'estoit sous ce beau & fleurissant Laurier qu'ils pensoient estre à l'abry des foudres & des tempestes du Ciel, esperans beaucoup par elles des misericordes diuines. Nous auons dit que le Marquis Segeric & Tendie sa femme, outre les exercices de Pieté, ausquels ils estoient beaucoup portez, auoient encore la lecture des bons liures en recommandation, & quelquefois l'exercice de la chasse & de la pesche en recreation. car la femme se

confor

conformoit tellement aux humeurs du mary, que ce qui plaisoit à celui estoit aussi tost aggreé par l'autre. Tout ainsi donc que les oyseaux chantent le ramage de leurs peres, & en general tous les animaux suiuent les inclinations de ceux qui les ont engédrez; de mesme les enfans de Segeric esleuez dans ces occupations s'y addonnerent insensiblement & s'y plûrent. Il y auoit vn grand parc au Chasteau trauersé par vn clair ruisselet qui descend des hautes montagnes, l'eau duquel seruant à la façon d'Espagne à arroser les vergers & les prairies, emplissoit des canaux & des reseruoirs, ou le poisson emprisonné donnoit du plaisir à la veüe & de la facilité à prendre à la ligne, les boccages estoient remplis de daims, de cerfs & de cheureuls.& les lapins (espece extremement fertile) y fourmilloient de toutes parts, de maniere que sans sortir de l'enceinte de cet enclos l'on pouuoit prendre l'occupation & le plaisir de la chasse & de la pesche. Il y auoit aussi de grandes volieres où les perdrix & les faisans y estoient en reserue auecque des tourterelles, & plusieurs autres oyseaux

oyseaux pour le chant, dont on tiroit quelquefois du gibier pour le faire voler par vn oyseau de leuée à la campagne, lors que l'occurrence d'en prendre d'autres ne se presentoit pas. Et pour dire ce mot en passant, il s'en faut beaucoup que les Espagnols ne chassent à la façon des François qui courẽt & crient comme des desesperez, & se tuent, tant ils sont turbulents apres cet exercice, qui ne doit pas estre pris pour trauail mais pour recreation. Il est vray qu'il n'y a point de peine qui ne soit engloutie par le plaisir vehement de ceux qui en sont passionnez, mais si le transport de l'esprit empesche sur le champ de reconnoistre la fatigue, elle se faict bien sentir quand la chasse est finie & que le contentement en est passé. Les Espagnols sont trop considerans & aiment trop leur aise pour aller à la chasse auecque tant de fureur & de precipitation. Ils ne veulent gaigner que du haut point, & n'aiment la queste qu'en la prise, les Seigneurs vont peu à l'espere & ne vont point au hazard battant la campagne, ils prisent trop leurs pas & leur loisir pour les employer inutilement;

ment; plusieurs imitent le grand Seigneur qui ne va jamais à la chasse que l'on ne porte le gibier qu'il doit ou voler ou courir, si bien que choisissát le lieu le plus commode qui soit en vne belle plaine, on donne le vol aux oyseaux tout à souhait, ou l'on met les bestes fauues à la teste du laissez-courre. C'est ainsi que ces bonnes gens veulent les roses sans espines, & prennent le pur plaisir de la chasse sans aucune meslange d'incommodité. Quant aux exercices de Pieté (qui estoient le principal soin de nostre Beate) ils se pratique-

rent auecque beaucoup plus de frequence en cette maison par sa vigilance, l'vsage des Sacremens y fut plus ordinaire, l'Eglise qui se voit encore maintenant (car il n'y a pas trente ans que se sont passez les euenemens que ie vay dépeindre) tesmoigne en la beauté de son bastimét, en la somptuosité de ses tableaux, en la richesse de ses ornemés, en son agencement quelle dilection auoit cette sacrée Vestale pour l'embellissement de la maison de Dieu & pour la polisseure du lieu de la demeure d'vn si grand Roy. Apres les exercices d'oraison,
medi

meditation & mortification qu'elle n'omettoit iamais, elle donnoit son temps au trauail des mains, ou à la lecture des bons liures, ou au seruice du prochain: que si quelquesfois son Pere & sa Mere pour la diuertir de ces penibles emplois l'inuitoient à prendre l'air au iardin ou au parc, & à considerer l'exercice de la pesche ou de la chasse, par la vertu de condescendance fille aisnée de la charité, elle s'y portoit d'vne chere gaye, & qui tesmoignoit qu'elle obeissoit auec allegresse à la volonté de ceux à qui elle estoit soumise. Et que personne ne se scandalise de cela, veu que S. Eustache ny S. Hubert n'ont rien perdu de leur saincteté dans cet exercice, qui pris moderément & d'vne façon iudicieuse aide plustost qu'il ne nuit à la vraye Pieté. Le B. François Borgia troisiesme General de la Compagnie de IESVS, alors encore Duc de Gandie & Grand d'Espagne, allant à la chasse tiroit de cet exercice plusieurs belles consideratiõs pour s'exciter à la vertu & se pousser plus auant en la perfection. Tout coopere en bien à ceux qui sont bons ; au contraire il n'y a rien de si

sain

sain qui ne se corrompe dans vn estomac cacochime. Les choses les plus vtiles deuiennent vicieuses par vn mauuais vsage. Ceux qui se portent à la chasse d'vne passion dereglée & turbulẽte y commettent des abus dont ils sont coulpables, & non pas l'exercice qui de soy est innocent. C'est vne bonne chose que de se seruir du vin moderément, immoderément c'est vn vice fort deshonnorable. Quiconque blasmera cette condescendance en nostre Beate aura incontinent les Apostres sur les bras, qui mesme apres leur Apostolat & la

C 5

commission receüe de prescher l'Euangile par l'vniuers à toute creature ne laisserent estans prescheurs d'exercer la fonction de Pescheurs: prenans tantost des poissons tantost des hommes. Dans le Sophiste Lucian Venus demáde à son fils d'où vient qu'ayant attaint de ses traicts Iupiter, Neptune, Iunon, Mars, Apollon, & elle mesme qui estoit sa Mere il n'a pû faire de breche dans les cœurs de Vesta, des Muses, & de Diane. & il respond que c'est parce que Vesta est tousiours à l'abry des autels, & occupée à l'entretien de son feu perpetuel.

Les

Les Muses attentiues à l'estude, & Diane dans les solitudes des forests chassant apres les bestes sauuages, & fuyant les obiects qui peuuent donner de l'Amour. Ne diriez-vous pas qu'il repartit pour nous à l'obiection que l'on pourroit faire à nostre Beate, qui cōme vne Vestale Chrestienne estoit tousiours attentiue à conseruer sur l'autel de son cœur le feu de la Pieté, ou bien attachée aux ouurages ou à la lecture, ou bien par diuertissement presente aux exercices les plus innocens que l'on puisse donner au corps, qui sont la chasse & la pesche. A vostre auis quand elle estoit dans les boccages, ou dans les prairies ou sur le courant des eaux en cet habit angelique dont la blancheur faisoit honte à la mesme neige, ne l'eust-on pas prise pour l'vne de ces Naïades, Dryades ou Nappées dont les Poëtes nous font des contes si agreables. Tandis que nostre Laure meine vne vie si douce, qu'elle rend le Ciel ialoux & la Terre enuieuse de ses felicitez: la Mort, qui est tousiours en embuscade pour trauerser les contentemens des plus fortunées luy enleua Tendie sa Mere, entre

les

les bras de laquelle elle viuoit comme vn enfant dans ceux de sa nourrice. De dire les regrets de Segeric il seroit malaisé, car si vous les mesurez à sa perte, ils deuoient estre extremes ; si à sa constance, il deuoit estre incontinent resolu, s'il est quelque constance en des euenemens si cruels. Car s'il est vray selon l'auis du plus Sage d'entre les hommes que celuy qui a rencõtré l'Amy fidele a treuué vn thresor inestimable, le mary qui se voit arracher d'entre les bras vne femme vertueuse, douce & accomplie, peut bien dire que ses felicitez sont expirées
auecque

auecque cette chere compagne de sa vie, & que le reste de ses iours ne sera pour luy qu'vn supplice prologé. d'autant que c'est icy que l'on experimente le souuenir des biens perdus estre d'autant plus fascheux que la possession en a esté precieuse. Apres Dieu toute sa consolation fut en sa fille, sur laquelle tomba lors le faix & du gouuernement de sa maison & du soulagement de sa vieillesse. Bien qu'elle fust selon le sens accablée du déplaisir de la priuation d'vne Mere qui luy auoit tousiours esté si bonne, neátmoins en se conformant à la
volon

LIVRE I. 63

volonté de Dieu, elle releua son courage pour supporter cette affliction d'vn cœur genereusement Chrestien. faisant connoistre par sa vertu la verité de ce mot du diuin Chantre : Le Iuste fleurira comme la palme, laquelle se relance contre ce qui la charge, & tout ainsi que le Cedre reuerdit parmy les neiges du Liban, il s'auancera dans les trauerses des tribulations. Elle gouuerna quelque temps tout ce grand mesnage auec vne fidelité telle que l'on deuoit attendre de sa Pieté: mais auec vne Oeconomie peu attenduë de son sexe : d'autant que

que selon l'auis du Sage, il est si difficile de treuuer vne femme forte, c'est à dire, vn cœur masle dans vn corps de femelle, que cette difficulté auoisine l'impossible. De dire que son Pere & son frere se confioient totalement en elle, & se reposoient sur sa vigilance, du bien & de la conduitte de la famille, il est inutile, d'autant qu'il n'est rien qui conuie tant à la confiance que de voir vne personne d'esinteressée, & qui ne recherche en toutes ses actions que la gloire de Dieu & le bien du prochain. De cette façon elle viuoit à l'Apostolique n'ayant
rien

rien qu'elle vouluſt dire ſien en particulier, & poſſedant tout en auctorité & en puiſſance. En ce temps-là elle faiſoit de grandes charitez qui n'eſtoient controollées ny de ſon Pere ny de ſon frere, parce qu'ils ne voyoient que par ſes yeux, & la connoiſſoient trop bonne & trop ſage pour rien faire que bien à propos. Mais parce qu'il eſt malaiſé qu'vne fille beaucoup plus foible ny que la vigne ny que le lierre ſe ſouſtienne ſans appuy, d'où eſt né le prouerbe qu'il falloit à ce ſexe pour le conſeruer ou vn mary ou vne muraille, elle s'auiſa de dreſſer
en

en sa maison vne espece de Cloistre en vn departement aucunement sequestré, ou s'estant associé quelques vnes des Damoiselles de sa Mere qui se treuuerent de son humeur & en mesme dessein, & par suitte de temps ayant aggregé à cette sainte troupe des filles du voisinage qui estoient disposées à ce genre de vie dont elle estoit la Directrice, elle forma vne petite Congregation de Beates. Elles estoient toutes si humbles, si seruiables & si bonnes mesnageres qu'au lieu d'estre à charge à la famille, elles y estoient à profit, semblables

aux

aux abeilles qui picorét bien les fleurs d'vn parterre & piccotent celles d'vn païsage, mais en recompense elles font à leur maistre de la cire & des rayons de miel. Vous eussiez dit que comme Iacob chez Laban elles auoient apporté l'abondance en la maison du Marquis, tant il est vray que le peu que nous donnons pour la nourriture des seruiteurs ou seruantes de Dieu nous est rendu au centuple. Le bon vieillard en estoit tout rajeuny se voyant au milieu de ces Sages Nymphes à peu pres comme vn Apollon dans la troupe des Muses.

Muses. Et le ieune Marquis bien qu'il ne fust ny de fer, ny de marbre, ny de quelqu'autre matiere insésible, auoüoit neantmoins que la candeur & honnesteté de ces Vestales le portoit plustost au respect & à la crainte qu'à des fantaisies & illusions amoureuses. Il est toutesfois à croire que parmy tant de feux il auoit de la peine à conseruer de la glace. Et s'il est vray que naturellement la blancheur esbloüit la veuë, & escarte les rayons qui sortent des yeux, celle qui paroissoit au teint comme aux vestemens de ces filles pouuoit bien ietter de l'esbloüisl'esbloüiffement dans fa raifon, & mettre des troubles en fon courage. Ceux qui fçauent les mouuemens & les boüillons de la ieuneffe, connoiffent bien qu'vn efcadron de foldats armez n'eft pas fi capable d'eftonner cette âge comme l'abbord des beaux vifages, qui ne luy peut arriuer fans émotion & fans attainte. La reuerence neantmoins de cet habit venerable & en quelque façon facré, arrefta quelque temps comme vne forte digue les defirs de Vallias : mais en fin il fut impoffible à ce Pilotte peu experimenté de conduire longuement

ment le vaisseau de son cœur parmy tant de doux escueils sans y faire vn naufrage de sa liberté, mais naufrage qu'il cherissoit plus que toute la franchise du monde. Et à dire la verité, il n'appartient qu'à l'Amour de si bien dorer ses fers que l'esclauage en paroisse precieux, & la volonté humaine ne pense iamais estre plus libre que quand elle s'est soumise au ioug de cette flatteuse passion. Ce qui luy dessilla les yeux & luy donna la hardiesse de les arrester sur vn object de cette troupe qui luy sembla le plus agreable ; ce fut que laissant à part l'escorce

corce de cet habit, il sceut que ces filles estoient bien toutes deuotes & en intention de finir leurs iours au pied des autels parmy les exercices de Pieté, mais qu'elles n'estoient pas admises au vœu de Continence qu'apres vne longue espreuue, parce que cette promesse estant plus malaisée à garder dans le monde, ou les moyens de la maintenir sont si rares, & si frequentes les occasions de la rompre, il ne falloit pas entreprendre temerairement de la faire à Dieu, estant beaucoup meilleur de ne faire point de vœu que de le violer apres
qu'il

qu'il est saintement rendu. Aussi est-ce vne chose honteuse, dit vn Ancien, de se charger d'vn fardeau que l'on ne puisse porter. & celuy qui commence vn bastimét qu'il ne peut acheuer est blasmé en l'Euangile. Et c'est pour cela qu'és premiers siecles de l'Eglise il estoit deffendu (ce qui se voit en plusieurs anciens Canons) de donner le voile à vne fille, & de l'admettre au vœu de Continence qu'elle n'eust atteint l'âge de quarante ans, temps auquel les Dames commencent à changer le titre de belles en celuy de bonnes, & sont d'autant

moins

moins sujettes aux recherches des hommes qu'elles ont perdu les attraits inseparables de ces fleurs qui accompagnent vn ieune teint. Celle qui tira à soy par les graces de son visage le cœur de Vallias estoit trois ans au dessous de la moitié de ce terme. Vn ieune bouton qui promettoit vne belle rose quand elle seroit espanoüie, vn Orient qui tesmoignoit de lancer de viues clairtez en son Midy. Ce voile qui luy couure le front à moitié m'empesche de prédre les charbons ardans cachez sous cette cendre, mais il ne faict qu'irriter les desirs de
D

Vallias, qui se picquent & se redoublent par la difficulté. Ce lys est pour luy enuironné de beaucoup d'espines, autant de compagnes c'estoient autant d'yeux d'Argus qui la gardoient en la regardant, & qui formoient autant d'obstacles à son abbord. Si l'on s'apperçoit qu'il la considere plus attentiuement que les autres, tout est perdu, ou elle en sera plus soigneusement conseruée, ou peut-estre renuoyée, ce qu'il apprehende comme la mort. Elle estoit Noble, mais la disproportion des moyens (consideration principale des parens en faict d'allian d'alliance)estoit telle qu'il n'y auoit point d'apparence que iamais Segeric consentist à la prendre pour belle fille. Le ieune Vallias qui croyoit auoir assez de biens pour soy & pour elle, estimoit beaucoup plus ses beautez accompagnées de beaucoup de vertus que toutes les richesses de la terre, aussi l'Amour des biens du monde est la tentation de la derniere âge de la vie, comme le plaisir & l'Amour celle de la premiere. Imaginez vous en quelle gesne le mettoit cette nouuelle chaisne, s'il cachoit sa flamme, elle en deuenoit d'autant plus veheméte & aussi moins supportable: S'il l'euaporoit il la tuoit, c'estoit vne mine que le moindre esuent deuoit rendre inutile ; si son dessein est non pas sceu, mais seulement apperceu, il est reduit en fumée, que fera-t'il sinon presser en son ame vne haute douleur, perissant d'vne mort obscure & muette aupres de son remede sans oser souspirer vne seule plainte, ny se soulager par le recit de ses peines de peur de trahir son affection. Il voit bien tous les iours le suiet de son tourment, & c'est le bois & l'huille qui augmentét sa flamme, & il

& il le voit comme Tantale l'eau & le fruict qu'il ne peut boire n'y manger, bien qu'il soit en vne faim & en vne soif desesperée. Et à n'en point mentir il vaudroit beaucoup mieux ne pas voir ce que l'on aime que le voir & ne lui parler point, car l'obiect qui irrite le desir met le cœur dans vne presse douloureuse. Il luy parle bien quelquefois, mais c'est de choses indifferentes, non de sa passion ny de rien qui en approche, d'autant que c'est tousiours en la presence de ses compagnes, qui sont autant de surueillantes qui se conseruent ainsi par leur mutuelle assistance. Toute sa douleur est de perir ainsi à veüe d'œil à l'insceu de celle qui cause son martyre, & si le merite de la cause ne donnoit quelque sorte de soulagement à la rigueur de l'effect, il ne pourroit pas durer entre les eslans de sa passion & les obstacles qui empeschent qu'il ne s'en deliure. Il deuient solitaire & pensif, amy des bois & des ombres, parce que c'est l'elemét de ses douces resueries, comme ses resueries sont l'aliment de son esprit : il ne cherche que les lieux écartez pour entretenir à son aise ses cheres pensées.

sées & les nourrir de cette Idée qu'il ne peut oster de son souuenir.

Ce fut dedans la solitude
La delice des beaux esprits,
Qu'il eut incontinent appris
L'art d'Apollō sās nulle estude.

Car se voyant deuoré de ses desirs plus qu'Acteon ne le fut de ses chiens, & sentant ces vipereaux qui ne pouuoient venir au iour qu'en perçant ses entrailles & descouurant son secret, il tascha de se soulager de la peine qu'ils luy donnoient en recitant ces vers aux boccages ou il s'enfonçoit, par lesquels il tesmoignoit combien estoit forte sa discretion pour ranger sous l'Empire de la raison la vehemente impetuosité de ses souhaits.

STANCES DE LA DISCRETION.

Beau frein de mes souhaits,
　　geolliere de ma flamme,
Chere discretion tempere mes
　　desirs;
Où durant ces langueurs qui
　　accablent mon ame,
Permets qu'en m'allegeant
　　i'exhale ces souspirs.
I'accorde qu'auec toy bandé contre
　　moy-mesme,
I'enfermay mes desirs libres
aupa

Livre I.

auparauant
Sçachant qu'il faut par fois
rudoyer ce qu'on ayme,
Et qui moins leur permet les
va mieux conseruant.
Mais ie veux bien qu'aussi ta loy
soit moderée
Sans passer des vertus le terme
limité:
Car la discretion doit est me-
surée,
Bien que la passion soit à l'extremité.
Quelle force est-ce icy ; qui peut
tant sur soy-mesme?
L'on se peut par raison des plaisirs retirer ;
Mais qui void qu'en moy seul
ceste prudence extreme

D 5

DAPHNIDE,

De cherir les desirs qu'on n'ose desirer?
I'ay reduit tout mes sens en servitude estrange,
Maistrisant mon ardeur pour garder ma raison;
Et affin que ma foy ne soit serue du change
I'enferme mes desirs & les mets en prison.
Au donjeon de mon ame ou la raison demeure,
Dans vn secret cachot mes desirs sont serrez,
L'on ne met point aucun au tombeau qu'il ne meure
Et ces chetifs desirs viuans sont enterrez.
Cette chartre où ils sont est obscure
& cruelle

& cruelle;
Il est vray que par fois leur feu trop irrité
Reprend par la constance vne force nouuelle,
Et remplit leur prison de flamme & de clairté.
Las! outre la rigueur des ceps qui les estraignent
Aucun ne les peut voir pour leur mal soulager;
Fors qu'vne fois le iour les pensers qui les plaignent
En les entretenant leur donnent à manger.
Leur repas est le prix de l'object que i'honnore;
Mais ces pauures captifs sont contraints tellement

Qu'il leur est retranché de ce repas encore
Et n'en prennent que peu pour viure seulement.
L'esperance est d'ailleurs des desirs la nourrice,
Mes desirs à l'espoir n'oseroient aspirer,
Car i'ay mis en tel lieu le but de mon seruice
Qu'ils deuiendroient diuins s'ils osoient esperer.
Le desirer suffit à si hautes pensées,
Ie suis trop guerdonné de mon humble deuoir
Et mes peines seront assez recompensées
Si i'ay de l'honnorer seulement le pouuoir.

Ie paissois mes desirs aussi de la
 memoire
Des plaisirs qui seroient d'honneur assaisonnez:
Mais enfin i'ay pensé que d'v-
 ne telle gloire
Le goust trop rauissant les ren-
 droit forcenez.
Pour ce Discretion Reyne de mon
 courage
Defend-leur de toucher le miel
 de ce poison:
De peur que par l'effort d'vne si
 douce rage
Ils ne brisent leurs fers & rompent leur prison.
Tu passeras ainsi pour geolliere in-
 humaine,
Mais il faut auoüer qu'à contenir

nir ainsi
Ces ardans prisonniers tu as
  bien de la peine,
Et leur faisant du mal ils t'en
  font bien aussi.
Ces desirs nuict & iour te tiennent
  en ceruelle,
Tous tes esprits y sont sans relas-
  che occupez,
Il te semble tousiours d'entendre
  la nouuelle
(Tant tu en crains l'effect) qu'ils
  se sont eschapez.
Comme les prisonniers condamnez
  aux galeres
Affligez, affamez, ont quelque
  ferrement
Que leur baille vn amy dolent
  de leurs miseres

Pour s'oster de la chaisne & fuir
le tourment.
Il est à craindre en fin que mes desirs ne taschent
Par quelque inuention de se manifester;
Et ie me doute fort, encore qu'ils se cachent,
Que ie ne pourray plus long temps les arrester:

Et cet enthousiasme affectueux ne le rendit pas seulement Poëte, mais Prophete;
Tant il est asseuré que des choses futures
L'escole d'Apollon predit les auantures.

Car apres auoir soustenu longuement auec vne patience
incom

incomparable l'impetuosité de ses desirs, & caché sous vne moderation extreme la violence de sa passion, les fleurs de son visage qui se flestrirét, la viue couleur qui s'en esuanoüit, le battement de son cœur, l'enfoncement de ses yeux, la tristesse qui l'accompagnoit tesmoignoient assez euidemment aux moins auisez qu'il auoit en l'esprit quelque chose qui l'affligeoit. Le Pere qui le considere comme son vnique heritier, cóme son baston de vieillesse & l'espoir de ses iours, auancé par vne secrette sympathie préd part à son mal comme s'il eust esté son

son tison fatal ou son image enchantée. Il void comme esteindre toute sa posterité en cette étincelle, ce qui le touche viuement. Laure sa Sœur n'est pas si Beate quelle soit insensible, si bien qu'elle n'en est pas moins empeschée. Il seche deuant les yeux d'vn chacun sans que personne puisse arriuer non pas mesme par coniecture au sujet de sa douleur, dont celle qui la cause est la plus ignorante. Iamais on n'eust deuiné la cause de cette langueur, ce qui afflige tous ceux qui le voyent en cet estat deplorable. Helas ! il pouuoit

uoit bien dire auecque nostre Poëte:

En cette affliction, pire que le mourir,
Ie voy chacun me plaindre & nul me secourir.

Il estoit comme vne nauire ou le feu s'esprend au milieu de la mer & qui perit ainsi dans son propre remede. Son Pere s'imagine que cet vn degoust du Monde qui luy donne cette humeur chagrine, & qu'il medite de se ietter dans vn Cloistre comme son aisné. Il l'espie en ses actions & en ses paroles & le faict sonder de toutes parts pour penetrer dans ses intentions,

mais

mais il est impossible de sonder l'abysme & le cœur de l'homme; la connoissance des pensées est vn priuilege reserué à Dieu seul. S'il medite vn Cloistre, c'est plustost celuy de sa sœur que celuy de son frere. son humeur deuiét si estrange que l'on n'y connoist rien. Le Pere pour le diuertir par la veüe des compagnies où il puisse treuuer vne compagne qui lui plaise, & l'empescher par vn mariage de quitter le Monde, luy faict demander s'il veut aller à Sarragoce ou à la Cour, ou aller en telle ville d'Espagne, de France, ou d'Italie qu'il auroit

roit agreable : mais si cette proposition luy fut en horreur iugez-le par sa passion qui redoute plus que la mort l'esloignement du sujet aimé. On ne sçait que faire pour le resioüir, tous les honnestes diuertissemens dont on se pouuoit auiser pour luy plaire luy estoient autant d'ennuyeuses desolations, parce qu'ils le destournoient de ses cheres pensées qui estoient les delices de son esprit & la ruine de sa santé. Cette langueur mina tellement ses forces qu'elle le mena dans le lict, où il fut contrainct de s'abbatre apres auoir estriué

en

en vain contre sa passion. Ce fut en cette occasion qu'il receut de sa chere Sœur des assistances qui monstroient combien la charité perfectionne la nature, & que les mouuemens de sa Pieté estoient redoublez par la Pieté qu'elle auoit de son frere qui estoit, comme disoit Ruben de Ioseph, sa chair & son sang. Certes tout ainsi que quand les rosées de l'Iris tombent sur l'espine Royale, elle communique à cette ronce vne odeur qui surpasse toutes celles de l'Arabie; de mesme quand la charité cette Reyne des Vertus darde ses saintes influen influences sur la proximité, elle faict faire des merueilles au seruice de ceux qui nous sont proches. Mais las! que sert vne main secourable à celuy qui est malade en l'esprit, tout ce que pouuoit auancer ou restablir la pieuse Laure estoit destruict bien qu'innocemmét par les yeux de Medonte qui reduisant en cendre le cœur de ce malade poussoient son corps sur le pas du tombeau. Que n'estoit icy vn semblable medecin qui deuina au parler de Demetrius la fieure passionnée qu'il auoit pour Stratonice, le secret du cœur de Vallias

lias eust esté bien tost éuenté. Ceux qui sont mordus des bestes enragées ne guerissent iamais en la presence des animaux qui les ont mordus; c'est le moyen de ne releuer iamais de la blesseure d'Amour que de voir ordinairement l'object qui la cause. C'est pourquoy les plus sages en cette guerre conseillent plustost la fuitte que le combat, vne retraitte honnorable y estant plus asseurée qu'vne resistance honteuse. Mais las! cette fuitte est aussi aisée à conseiller que difficile à pratiquer: car il n'y a point de Remore en la mer qui arreste plus

plus promptement vne nauire qui cingle à pleines voiles. comme cette paſſion met les entraues à vn cœur qui cheminoit auparauant en la liberté de ſes deſirs. De là vient que les Amans ne parlent que de liens & d'eſclauage, & ne souſpirent qu'apres la perte de leur franchiſe aſſeruie & attachée à l'object qui les a bleçez. Et puis quelle fuitte peut mediter vn malade que la langueur couche dedans vn lict. Peut-eſtre deuoit-il faire en ſorte que Medonte, ſujet de ſes ſouffrances s'eſcartaſt de luy, & n'eut-ce pas eſté deſcouurir ce qu'il cachoit

choit auecque tant de peine que c'est effort d'esprit estoit la principale source de sa langueur. Et puis quand il eust eu assez de vigueur pour cheminer, quel moyen de fuir vn doux ennemy qui ne nous jette dans les yeux que des roses & des lys, & duquel

La presence nous brusle, & l'absence nous tuë.

Si ceux qui disent fuyez, en donnoient aussi les moyens, certes ils auanceroient fort la guerison de ceux qui sont attaints de ceste maladie, qui n'apprehende que la cõualescence. Apres Laure entre les Sœurs de ce Monastere Secu-

E

lier il n'y en eut point (fut-ce bonheur ou malheur) qui rendist tant de tesmoignages de zele & de seruice à Vallias que cette Medonte dont il estoit enchanté & empierré, mais tout autremét que ceux qui estoient rendus immobiles par la Meduse des Poëtes. car celle-cy rendoit son effect par l'horreur de sa deformité, celle la par la beauté de son visage. ie ne m'arreste point à la representer, puis que si l'on iuge de la source par le cours du ruisseau, il est facile à croire que Vallias n'eust pas esté reduit à de telles extremitez pour vn sujet
de

de peu de merite. Imaginez-vous les émotions de ce malade se voyant si proche de son remede sans oser d'vne seule parole soulager sa douleur. Quel redoublement deuoit auoir son pouls quand cette main le touchoit, qui du milieu de sa neige faisoit naistre les feux qui le consommoient ; à n'en point mentir son accez deuoit estre bien vehement, & c'est ce qui augmentoit la pitié dás le cœur de cette innocente homicide. tandis que Vallias en renflammoit son ardeur. Les maladies ont cela que quand elles sont violentes, elles ne font pas de durée : car où elles ceſſent elles nous emportent, mais celles qui ſont lentes ne s'en vont qu'à pas de plomb, la langueur & la longueur eſtant autant inſeparables que le corps & l'ombre. Et comme ſi l'abbattement du corps de Vallias luy euſt encore allangoury le courage, plus il ſe voyoit extenuer, moins ſe pouuoit-il reſoudre à deſcouurir ſa chere playe. obſtination eſtrange d'vn cœur ingenieux à ſe tourmenter. Car en fin quelque diſparité qu'il y euſt entre Medonte & luy, elle n'eſtant attachée à aucun vœu, il eſt aiſé

aisé à iuger que Segeric euſt pluſtoſt conſenty à le voir ioint à cette fille par le mariage que de luy laiſſer eſpouſer vn triſte cercueil. mais il n'a des yeux que pour cherir ſa douleur, non pour auiſer ſon remede. Durant le long cours de cette maladie il fut viſité de pluſieurs de ſes amis qui tous compatiſſoient à ſa douleur, mais non pas moins à celle de l'affligé vieillard, qui ſe rendoit inconſolable ſur cette perte qu'il croyoit ne ſe pouuoir euiter. Entre les autres vint Dom Sans Seigneur Cathalan qui auoit eſpousé Hieraque fille aiſnée de Segeric & Sœur de Vallias & de Laure, accompagné d'vn de ses parens que nous nommerons Appollodore. Vint aussi vn Gentilhomme du voisinage, mais qui faisoit sa demeure en la Cité de Iaca, fort grand amy de Vallias & enuiron de son âge, lequel auoit en sa compagnie vn ieune homme fils d'vn Cheualier des enuirons d'Huesra nouuellemét reuenu des estudes de Lebida, celuy là s'appelloit Atanagil, & cettuy-cy portoit le nom de Strophe; de tant de compagnies qui abborderent au Chasteau de Segeric pour voir Vallias, ie

ne

ne particulariseray que ces quatre, d'autant qu'ils seront cause des troubles & vacarmes qui se feront voir en la suitte de ce Narré. Il ne faut pas demander s'ils furent bien receus en vne maison où l'abondance rendoit l'hospitalité magnifique. O combien est veritable ce mot du grand Apostre, que nous portons des thresors en des vases de boüe, & que nous sommes tous des vaisseaux de terre qui nous froissons en nous approchant les vns des autres. Les monstres d'Afrique naissent aux abbreuuoirs où s'assemblent diuerses especes d'animaux, & dans les conuersations mondaines composées de tant de sortes d'esprits & de conditions de personnes il ne faut pas s'estonner s'il s'engendre de monstrueuses passions. Le pretexte de la visite d'vn malade estoit specieux, mais sous ces belles fleurs l'esprit de malice cacha les serpés des tentations; l'hóme ennemy sursema l'yuroye dedans ce beau champ, & cette araignée pestilente embarrassa de ses filets toute la sainte œconomie de ces abeilles mystiques. Les larrons entrerent par les fenestres & plusieurs cœurs y furét desrobez

par

par les yeux. Les Espagnols, à qui l'abbord des honnestes Dames est fort difficile, se treuuent aussi tost pris qu'ils ont accez en quelque lieu où l'honneur est en son trosne. Imaginez-vous si nos ieunes Gentilshommes eurent des yeux selon la phrase Espagnole estans parmy tant de Beates. Que si naturellement l'homme desire la Beatitude, ils rencontrerent aussi tost parmy tant de visages Angeliques vn Paradis pour leurs yeux, mais vn Enfer pour leurs esprits. Car ces fleurs estoient enuironnées de tant d'halliers qu'il estoit impossible d'y estendre la main sans en ressentir les pointures. La chambre du malade estoit le lieu de leur ordinaire conuersation, & comme on le pensoit atteint d'vne profonde melancolie, cette ieunesse faisoit tout le possible pour le resioüir, les ieux, le recit des histoires, les nouuelles de diuers païs, les recits de Poësie, les airs & la musique n'estoient point espargnez. & parce que la longue demeure dans la chambre du malade donne de l'incommodité au patient, & de l'indisposition aux plus sains; pour desennuyer ces amis de la maison, Sege

Segeric les menoit promener dans le iardin pour prendre l'air, & quelquesfois dans son parc, auecque toutes ces Nymphes leur faisoit prendre la recreation de la chasse ou de la pesche. Ceux qui ont feint que le chasseur Adonis estoit amy de ceste Deesse qui faict aymer, ont voulu faire entendre vne verité par cette inuention fabuleuse, qui est que le chant & la chasse sont inuitations à l'Amour, veu que la poursuitte de ceux qui sont enchantez de cette passion imite en quelque façon les ruses & les subtilitez des chasseurs. Aussi est-ce en

cet exercice que le Prince des
Poëtes Latins faict surprédre
Didō par Ænée, & les Poëtes
mesmes qui ont esleué si haut
la chasteté de Diane, la
rendent neantmoins esprise
des beautez d'vn Berger endormy sur la montagne de
Latmon. Ce fut parmy ces diuertissemens si pleins d'honneur que la plus noire malice
n'y sçauroit respandre son
venin, qu'Appollodore se
treuua si fierement touché
des perfections de Laure qu'il
en fut tout esbloüy, perdant
en cet esbloüissement la connoissance & d'elle & de soy
mesme. De six ou sept filles
qu'elle

qu'elle s'estoit associées il y en eut deux qui blecerent sans y penser, & beaucoup plus sans le vouloir les cœurs d'Atanagil & de Strophe; ce fut d'Olympe que fut espris celuy là, & de Laodice celuy-cy. Leurs bleceures furent pareilles à la picqueure des Tarantoles, qui est imperceptible encore qu'elle glisse dans les veines vn mortel venin. Adieu la liberté, adieu le repos, adieu la joye, les voyla atteints sans que l'vn sçache le mal de l'autre de la contagieuse maladie de Vallias qui souffre pour Medonte. Cette contagion alla si auant qu'il n'y n'y eut pas iufqu'à Dom Sans qui ne fift l'empreffé, (bien que par ieu) d'vne fille appellée Chryfoteme, qui auoit efté efleuée par la Marquife fa belle Mere, & que Laure auoit retenuë aupres de foy pour l'auoir connuë dés le berceau. Il fit auec elle (qu'il auoit veüe priuément lors qu'il recherchoit Hieraque) ie ne fçay quelle alliance qui tefmoignoit pluftoft l'eftime qu'il faifoit de fa vertu (dont fa femme luy auoit faict eftat) que de fa beauté. O combien il faut dans le monde eftre fur fes gardes en faict de ces affections, & qu'il faut bien

bien obuier aux principes de peur que ces étincelles ne deuiennent des embrasemens. On n'y pense point de mal de part ny d'autre, il est vray, mais le Diable esprit nourry, & s'il faut ainsi dire pourry dans la malignité y en pense tousiours, & rodant sans cesse pour nous deuorer ne perd aucune occasion pour nous surprendre. Ny Dom Sans ny Chrysoteme n'entendoient aucune finesse en cette innocente communication, mais peu à peu la fable deuint histoire, & la feinte vne verité qui pensa éclorre des dangereux effects. Il ne faict point bon

bon manier du feu sans pincette, ny traitter ces passions affectueuses sans vne grande circonspection. L'esprit est prompt & vif, mais la chair est si debile & infirme qu'il faut tousiours viure en continuelle deffiance de la viuacité de l'vn & de la foiblesse de l'autre. La complaisance est vne amorce si subtile que les plus auisez s'y treuuent pris, & puis quand l'hameçon est aualé on ne le retire pas qu'auecque des cruelles tranchées. Comme ces deux personnes ne pensoient à aucun mal, aussi ne fuyoiér-ils point la lumiere, leur familiarité estant

estant à la veüe d'vn chacun comme de gens qui se connoissoient de longue-main. Dom Sans estoit vn Seigneur de bel esprit, & Chrysoteme vne fille dont la deuotion n'empeschoit point qu'elle ne fist paroistre vne humeur fort gaye, en quoy elle se rendoit plus agreable que par sa beauté. Cette façon de priuauté donna la hardiesse aux trois autres de se familiariser auec ces Beates beaucoup plus qu'ils n'eussent osé s'ils n'eussent esté auctorisez par cet exemple. Appollodore n'ayant pas tant de patience que Vallias pour cacher & son

son ieu & son feu, se voulut auanturer par quelques discours ambigus de faire entédre à Laure cette grande passió qu'il auoit pour elle, mais cette Beate qui par son sainct vœu auoit fermé la porte non seulement à de tels propos, mais aux moindres pensées du Mariage, luy fit bien connoistre rondement & froidement que ce feroit en vain qu'il s'amuseroit apres elle, puis qu'elle auoit vn espoux deuant qui tous les hommes de la terre ne luy estoient rien. Si Appollodore eust esté sage (mais qui l'est en aymant) il se fut retiré de bonne

Livre I.

ne heure de cette entreprise dont il ne pouuoit attendre d'issuë qui luy fust agreable; mais il n'est pas si aisé de se deffaire d'vne passion comme de la prendre, & celle-cy entre plus facilement dans vn esprit qu'elle n'en sort. Tant s'en faut qu'il se rebutte par ce refus, qu'au contraire cela l'anime à la poursuitte, en la mesme façon que le feu se picque & redouble sa force quand il fait bien froid. Il croit que sa perseuerance flechira ce courage, & par vne dispense obtenuë à Rome il se pourra rendre legitime possesseur de cet Ange

humain. Sa naiſſance & ſes biens ſont capables de le faire aſpirer à cette alliance & luy font eſperer ce party ; à quoy ſi vous adiouſtez l'aide qu'il ſe promet de Dom Sans en cette recherche, vous treuuerez qu'il peut auoir raiſon de s'y opiniaſtrer. Il diſſimule neantmoins prudemment ce qu'il penſe, & ſous couleur d'imiter Dom Sans en ſon inclination pour Chryſoteme il ne parle que d'vne bienueillance commune, nouée par alliance de Frere & de Sœur ; mais Laure qui voit clair comme vn Linx, & qui deſcouure la poiſon cachée
ſous

sous ce miel rejette tout à plat cette alliance, & par des fuittes estudiées euite la rencontre d'Appollodore autant que la bienseance le luy permet. Cela irrite le desir de ce boüillant Gentilhomme, estimant que l'honnesteté la rendoit ainsi fuyarde plustost que sa resolution, & qu'enfin elle seroit bien aise de se rendre à l'Hymen qu'il desiroit sous quelque image de cõtrainte. Le succez quoy que different ne fut pas plus heureux à Atanagil, qui ne treuuant point de correspondance à son affection qu'il manifesta ingenuëment à Olympe, pe, en excita vne sans y penser dans le cœur d'vne de ces filles qui n'auoit rien d'aimable que le nom. Cette Aimable qui estoit plustost Amante qu'aimée s'apperceuát des signes de la passion qu'Atanagil auoit pour Olympe, laissa sauter vne bluette de ce feu la dans son sein; & comme la flamme qui se prend à la paille y faict vn prompt embrasement, de mesme elle se sentit plustost esprise que prise. Olympe qui mesprisa Atanagil eut plus de pitié de sa peine que d'enuie de la soulager : mais Aimable jalouse du bonheur de sa compa compagne en eut moins de pitié que d'enuie; ce ne fut pas sans quelque sorte d'affetterie, soit en gestes soit en propos, qu'elle tascha de se rendre vrayment aimable à ce Gentilhomme, & comme elle estoit nouuellement venuë à ce genre de vie, elle auoit ietté de si foibles racines en la deuotion qu'il se faut moins estonner si ce rozeau du desert se laissa plier au premier vent qui le poussa. Atanagil qui s'en prit garde mesprisa ses affetteries autant que ses complimens furent dédaignez par Olympe: & pareil à l'ombre qui fuit celuy

celuy qui la fuit & qui fuit celuy qui la fuit, il meſeſtimoit celle qui faiſoit eſtat de luy, & ne faiſoit conte que de celle qui ne payoit que de deſdains ſes affections veritables.

DAPHNI

DAPHNIDE,
LIVRE SECOND.

STROPHE se treuua encore plus mal accueilli de Laodice, en l'oreille de laquelle il n'osa iamais glisser aucune parole qui approchast d'aucun tesmoignage d'amitié particuliere, à peine la pouuoit-il abborder, tant elle estoit d'humeur farouche; & tant s'en faut qu'il en tirast vne seule œillade que iamais il ne luy vit arrester ses regards sur aucun homme particulier. C'est ainsi que S. Ambroise conseille aux Vierges pour maintenir leur integrité interieure de regarder les hommes en general, mais de n'en enuisager iamais aucun. Car outre que la veüe ainsi fixe tesmoigne vne manifeste immodestie, cette hardiesse expose au danger de la tentation; & qui se plaist au peril y perira dit le Sage. Qui pourroit bien exprimer les agonies de Strophe ne seroit pas mauuais Orateur. Car estant suspendu entre la vehemence de ses desirs, & les difficultez

tez qui leur seruoiét d'obstacle, il estoit en vne peine incomparable. Toutesfois prenant comme vn Antée des forces de son terrassement il s'anima à la poursuite de son dessein par les mesmes oppositions qui eussent découragé vne ame moins passionnée.

L'esprit humain a cela qu'il pretend
Plus ardemment à ce qu'on luy deffend:
C'est sa coustume, il se picque & s'offence
Plus aigrement de plus aigre deffense.
Ainsi voit-on les villageois troublez

F 2

Contre un torrent qui vient gaster leurs bleds,
Dresser ramparts de fagots & d'argile
Se trauaillans d'vne peine inutile;
Cela ne sert sinon que d'irriter
Le fier torrent qui ne veut s'arrester.
Il pousse auant son onde courroucée,
Puis quand il a mis à bas la chaussée,
A gros boüillons de plus grande fureur
S'en va noyer l'espoir du laboureur.

Tout cecy ne conuient pas seulement à Strophe, mais à nos

nos trois Amans, qui sont d'autant plus tourmentez de leurs secrettes flammes que plus elles sont contraintes & resserrées,& qui ont leurs desirs d'autát plus violens qu'ils ont moins d'esperance. Cependant ils rongent tous leur frein en silence;& par vne bigearrerie estrange & qui ne conuient qu'à ceux qui sont atteints de cette sieureuse ardeur qui faict aimer, ils ne se peuuent resoudre à descouurir ce qui ne peut guerir qu'estant declaré; ny à manifester ce qui les tuë, estant ainsi couuert d'vne feinte & gesnée modestie. La biésean-
F 3

ce reigle cōmune des actions humaines, apres les auoir tenus assez long temps aupres du malade, mais non pas tant qu'ils eussent bien desiré pour repaistre leurs yeux des objects qui les faisoient eux mesmes malades, les obligea de quitter ce sejour pour faire place aux suruenans qui abordoient de toutes parts tant pour consoler le Pere que pour voir le Fils; tout cela ne sert de rien à auancer la guerison de Vallias, tant parce que sa douleur n'est pas de celles qui s'en vont par paroles, qu'aussi parce qu'il est obstiné à en celer la cause. Atanagil

nagil & Strophe apres beaucoup de souspirs & de regrets deslogerent les premiers & reprindrent la route de Iaca: Celuy-là peu satisfaict des responces d'Olympe & fort importuné des affetteries d'Aimable, cettuy-cy n'ayant iamais osé ouurir la bouche pour faire entendre à Laodice ce qu'il enduroit à son occasion. mais en fin qui peut sans creuer cacher longuement ce feu dans son sein. Par le chemin, comme ils estoient grands amis, ils ne se pûrent celer leur secret l'vn à l'autre. Atanagil fut le premier à se descouurir estant

F 4

d'vne humeur assez franche, & n'ayant pas redouté de se declarer à Olympe auec encore plus de liberté il se manifesta à son amy. Quand Strophe luy dit qu'il estoit atteint du mesme mal, vne sueur froide luy vint au front sur la creance qu'il eust que son Amy seroit picqué du mesme object que luy, lequel il estimoit (selon la coustume de ceux qui aiment) le plus digne d'estre honnoré qui fust au monde: de sorte que croyant perdre l'amitié de Strophe en l'ayant pour Riual, il luy dit brusquement qu'il falloit qu'il se departist
de

de ses pretensions, s'il vouloit conseruer sa bienueillance, parce que l'Amour & le Diademe ne peuuent souffrir de compagnon. Bien aise fut-il d'oüir que Strophe auoit arresté ses yeux & son cœur autre part, dequoy il loüa le Ciel, & embrassa tendrement le braue Strophe. Ce n'est pas assez de voir les playes d'vn blecé si l'on ne s'efforce d'y apporter du remede. Ils se promirent secours l'vn à l'autre pour essayer de démesler cette penible fusée. Dom Sans auec Appollodore demeura encore quelque temps apres eux chez Segeric côme
F 5

gendre de la maison & comme interessé en la vie ou en la mort de Vallias. L'histoire ne dit point qu'il se passast rien de mauuais ny de scandaleux entre luy & Chrysoteme ; car il est aisé à coniecturer que nostre Laure comme vne autre Diane n'eust pas souffert de Calipso aupres de soy, mais les actions de cette fille plustost indiscrettes que malicieuses donnoient bien assez à connoistre à Appollodore qu'il y auoit de l'intelligence entre Dom Sans & elle ; ce qui luy donna le courage comme parent d'en parler à Dom Sans,
qui

qui auoüa franchement la complaisance qu'il auoit en cette humeur gaye & libre, & dont la naïueté excusoit tous les deffauts. Cette ingenuë confession obligea Appollodore à dire librement à Dom Sans le tourment qu'il souffroit pour sa belle Sœur; & le desir qu'il auroit de l'auoir pour femme si on la pouuoit faire entendre au mariage. Dom Sans ayant plus d'égard à l'amitié qu'il portoit à son parent qu'à son particulier interest, presta l'oreille à cette proposition, & flattant de douces paroles le dessein de son parent ne le reietta point si loing qu'il ne luy laissast beaucoup d'esperance d'en venir à bout. La fille luy dit, il est l'Inconstance mesme, cette humeur deuote qui est montée en la teste de cette-cy, est semblable à ces debiles vapeurs que le téps dissipera peu à peu, & peut-estre qu'elle souhaittera les nopces auecque autant d'impatience qu'elle les fuit à present auecque seuerité.

Ceux qui par trop contre Venus estriuent,
Sont à la fin ceux-là qui trop la suiuent.

Les vœux faits dans le monde où ils sont si difficiles à garder

garder sont facilement dispensables ; les filles comme les fueilles changent tous les ans, elles se contiennent quád elles ne sont point recherchées, les ardantes poursuittes les emportent à la fin, parce qu'outre les merites d'vn homme qui aime, elles ont vn traistre au dedans qui est leur propre conuoitise qui plaide la cause d'vn Amant en despit de leurs resolutions: ces paroles coulantes mollement cóme l'huille sur le feu de ce ieune cœur, y exciterent vn embrasement qui le porta au dessein desesperé que vous verrez si vous continuez
la

la lecture de ces pages. Il gaigna tant par ses prieres & par ses larmes vers Dom Sans qu'il luy promit toute faueur en cette entreprise, & d'en parler luy mesme à Laure, & d'employer les artifices de Chrysoteme pour luy persuader d'entendre à ce party, qui luy seroit plus auantageux, ce luy sembloit, qu'vne perpetuelle sterilité. La maladie de Vallias qui paroissoit incurable, les faisoit desia aller si auant en leurs discours, qu'ils partageoient entre eux en idée la pomme de l'heritage de Segeric. Mais Dieu qui est Iuste, & dont les yeux regardent

gardent amiablement les Iustes, ne permet pas si facilement que les estrangers heritent de leurs despoüilles, mais benissant leur generation il les faict croistre en grand nombre, & leur donne vne longue file de neueux. Il n'en est pas ainsi des pecheurs, dōt la semence & les desirs perissent promptement ; semblables au foin qui croist sur les toits qui se seiche deuant qu'on le cueille. Si Laure enuoya bien loin Appollodore quand il luy en voulut conter, elle n'accueillit pas plus gracieusement son beau frere quand il luy voulut representer

senter les tourmens de ce pasfionné. Vrayment, luy disoit ce causeur, ie ne m'estonne point de ses flammes, puis que vous en estes le digne sujet, elles seroient mediocres si vous n'estiez point si belle:

Pour un obiect commun &
non si éclattant,
Comme il ne brille pas on ne
brûle pas tant.

Ie m'esmerueille seulement que sous vne contenance si douce vous cachiez tant de rigueur, laissant ingratement mourir vn Cheualier si plein de merite sans prendre soin non pas mesme connoissance des playes que vostre beauté luy

Livre II. 137
luy a faittes. Mon frere repliqua Laure, vous estes aussi peu sage de me raconter son mal, que luy de vous l'auoir conté. Ie veux fermer l'oreille à vostre discours comme i'ay faict au sien. Et affin que nous n'ayons pas occasion d'en parler d'auantage, & d'aller au deuant du trouble que cette passion inconsiderée pourroit apporter à cette maison, ie vous coniure d'en oster la cause, & de treuuer moyen en vous retirant doucement d'eslogner tellement d'icy Appollodore que ie ne sois point contrainte de me plaindre du bien que vous dittes

dittes qu'il me veut, & que ie tiens pour le plus grand mal qui me peuft arriuer au monde. Ma Sœur, reprit Dom Sans, vous defirez vn feruice de moy que ie ne vous puis rendre: car outre qu'Appollodore eft mon parent & Seigneur de marque, i'ay tant de pitié de fon mal, & fuis tant defireux de voftre bien, que partie pour le voir content, partie pour ne vous voir vfer vos beaux iours dans vne trifte & froide folitude, ie me fuis chargé de cette commiffion que i'ay iugée vous deuoir eftre auffi honnorable qu'vtile & delectable, en quoy

quoy consistét tous les biens que peut promettre l'humaine felicité. D'autre costé d'aller plonger le cousteau dans le sein de mon Amy en luy portant la rigueur de vostre responce, c'est ce que ie ne puis faire & que ie ne iuge pas à propos qu'il sçache; il y a des moyens plus doux & qui peuuent descoudre vne affection plustost que de la deschirer. Mon frere, repliqua Laure, estant ce que vous estes en nostre maison vous ne pouuez ignorer le vœu que i'ay faict cōforme à l'habit que ie porte, cela vous deuroit retenir de me faire de
sembla

semblables propositiōs, comme il m'empesche d'y prester l'oreille. Escartez de moy ce tison de mort, puis que ie suis attachée à vn autre Amant qui efface de son lustre celuy de tous les hommes. Que si vous ne vous rendez à cette religieuse impossibilité, pensez à vostre propre interest qui vous doit estre plus precieux que le caprice d'vn parent. Ie n'ay point de plus grand interest, reprit Dom Sans, que celuy de mon amitié. ie fay plus d'estat d'vn Amy que d'vn thresor, & de l'obliger que d'amasser des richesses. Ie sçay vostre vœu, & Appol

LIVRE II. 141

& Appollodore ne l'ignore pas, aussi ne sommes nous pas impies iusque-là de le vouloir enfraindre que par les voyes iustes & legitimes: vous ne serez pas la premiere qui en aurez esté dispensée pour des semblables occasions. Vostre Frere est sur le bord du tombeau, vostre Pere aussi ; si vous demeurez dans le monde & fille & seule, vous serez comme vne vigne sans soustien, comme vn lierre sans appuy, il vous sera bien difficile de mener dans le Monde le train de vie que vous auez commencé. Ces raisons me semblét assez fortes pour vous

vous faire penser à desirer vne condition plus asseurée. Alors comme alors, repliqua Laure, cependant laissez moy seruir mon Pere & mõ Frere, celuy-la en sa vieillesse, celuy-cy en sa maladie ; & asseurez-vous que si Dieu les auoit retirez à soy que ie ne durerois plus gueres dans le monde, auquel ie suis crucifiée cõme il m'est en horreur autant que seroit vn crucifié. Quoy voudriez vous comme vne Vestale, repartit Dom Sans, vous faire enterrer toute viue & entrer auec-eux dans le tombeau. Vous estes peu spirituel, reprit la sage fille, d'ignorer que l'on l'on peut quitter le Monde sans mourir, c'est en se iettant dás vn Cloistre qui est l'heureux sepulchre d'vne personne viuante, & qui s'enseuelit auecque IESVS-CHRIST en Dieu: mais il ne se faut pas estonner si ceux qui comme vous, ne respirent que la chair & le sang ne sçauent ce que c'est des choses de l'esprit. Ma Sœur, reprit Dom Sans, vous spiritualisez tellement toutes choses, qu'en fin, comme si vous auiez passé par vn alembic vous deuiendrez toute esprit. Si est-ce que nous sommes tous hommes, & auons des corps tant que nous sommes

mes en cette vie. en l'autre où nous serōt semblables aux Anges on ne parlera plus de nopces, & alors ie ne vous en importuneray plus pour mon Amy. Ie sçay, repliqua Laure, que le don de Continence n'est pas communiqué à tout le monde, aussi est-ce vn conseil non vn precepte, il n'est proposé qu'à ceux qui y peuuent atteindre, & ceux-là se peuuent dire des Anges humains, parce qu'ils menent en terre malgré la rebellion de leurs corps, la vie des Anges. Ceux-là se retranchent des plaisirs sensuels pour aller auecque moins d'empesche-
ment

ment à la conqueste de la Gloire, & y suiure l'Agneau quelque part qu'il aille, & les Vierges sont appellées bien-heureuses qui perseuerent en leur integrité. Au contraire celles qui apres le vœu de perpetuelle continence rompent la foy à l'Espoux celeste pour se donner à vn terrestre, espousent l'Enfer en mesme temps qu'elles se marient à vn homme, & quelque dispense dont on les flatte (si la cause n'en est graue & fort legitime) elles ne laisseront pas d'estre punies de leur infidelité, semblables à ces criminels que l'on execute auec

G

que leur grace au col, obtenuë sous vn faux donné à entendre. Ma Sœur, dit Dom Sans, vous parlez comme vn Liure, ou côme vn prescheur: aussi parle-ie, repliqua Laure, selon les bons Liures, & selon ce que nous enseignent les Predicateurs; non mon Frere, ce n'est point temerairement & à la volée que ie me suis consacrée au seruice de Dieu, ç'a esté apres vn bon conseil & vne meure deliberation, sans necessité, sans contrainte, mais volontairement & selon Dieu, auecque la permission & benediction de mes parens, aussi espere-ie
moyen

moyennant la misericorde de Dieu, que ie ne me repentiray, ny retracteray iamais de ce que ie luy ay promis & voüé solemnellement. Qu'on ne me parle point de dispense, car si elle ne se donne qu'à qui la demande, ie ne l'obtiendray iamais. Mais si on la demande pour vous, repliqua Dom Sans, ie ne la veux pas demander n'y qu'on la demande pour moy ; & quand elle seroit obtenuë, i'y renonce & proteste de ne m'en vouloir point seruir, & de ne rompre iamais tant que ie viuray les doux liens qui m'attachent au celeste Espoux.

G 2

C'est pourquoy ie vous supplie mon Frere de ne m'en parler pas d'auantage: car encore que ie sois fille, ie vous feray voir qu'en ce point ie suis plus ferme qu'vn rocher, & qu'vn roseau du desert en la main de IESVS-CHRIST deuient vne colône du Temple. Nulle puissance ne me separera de sa charité, veu que luy-mesme a dit que nul ne luy pourra arracher de la main ceux qui s'y seront iettez, & qui luy auront faict d'eux-mesmes vne donation entiere & irreuocable. Si vous n'auez pas le courage de porter ces nouuelles à vostre parent,

LIVRE II. 149

rent, (bien que ce soit plustost cruauté que pitié de voir
perir son Amy sans oser par
vne salutaire remonstrance
mettre l'appareil à ses playes)
laissez-moy ceste charge, i'en
viendray bien à bout; & ce
sera (puis que vous le desirez
ainsi) par des moyens si doux
& si gracieux que s'il luy reste
tant soit peu de raison il aura
plus de sujet de loüer ma
bonté que de blasmer ma rigueur. Et ne faut point que
vous n'y luy m'accusiez d'in-
gratitude, puis que ie ne puis
reconnoistre sa bienueillance qu'en estant ingrate enuers Dieu auquel vous sçauez

G 3

que nous sommes plus obligez de plaire que de complaire vrayment aux creatures mortelles. A ce discours, Dom Sans demeura sans replique, parce que ces paroles graues, saintes & masles en vne bouche femelle ietterent de l'estonnement dans son esprit. Et à dire la verité il ne pensoit pas treuuer plus de resistance en cette fille qu'il souhaittoit pour femme à son Amy, qu'il en auoit rencontré en Hieraque qu'il auoit espousée, laquelle ayát quelques legers desirs de se consacrer à Dieu, se laissa neantmoins aller aux volontez de ses

ses parens qui estoient de la voir mariée. Mais il ne s'auisoit pas qu'il y a bien de la difference entre ces simples mouuemens que l'on peut appeller des vouloirs imperfaits, & vne volonté determinée; & qui plus est seellée & cachetée par vn vœu sacré qui sert à l'ame la moins resoluë de contrepoids, qui la red stable & la balance égallement parmy les agitations des tentations dont cette vie est sans cesse trauersée. Il se retira d'aupres de Laure auecque sa courte honte; & pour ne mettre Appollodore au desespoir, il flatta son mal de quelques paroles deguisées, luy representant la resolution de Laure comme celle d'vne fille qui ne se veut rendre que sous quelque image de force qui puisse excuser sa foiblesse & sa naturelle legereté. Elle traitta bien d'vn ton plus rude, & d'vn accent plus aigre & poignant la rusée Chrysoteme, laquelle embouchée par Dom Sans & par Appollodore qui luy auoit peut-estre doré les mains d'autres rayons que de ceux d'Appollo, luy auoit osé parler en faueur de ce Gentilhomme, comme si elle eust ignoré le vœu qu'elle auoit faict

faict de garder sa virginité à Dieu. De la mesme façon que le Sauueur appella S. Pierre qui luy vouloit dissuader de souffrir pour le gére humain, elle la nomma Sathan; parce qu'elle luy conseilloit de descendre de la croix de la Continence. Quoy luy disoit-elle, ma mie vous ay-ie retenuë auprès de moy pour me venir souffler ces propos-là dans les oreilles, est-ce là le propos que vous mesme auez faict de me suiure en cette vie, & de ne m'abandonner point iusqu'à la mort, n'auez-vous point d'esgard à la qualité de Beate, & au sainct habit dont

nous sommes reuestuës : Allez, s'il vous arriue iamais de m'entretenir de ces folies, n'esperez plus de part auecque moy ; i'ay bien assez à faire à combattre les suggestions des ennemis inuisibles, sans nourrir aupres de moy des personnes qui les fomentent par leurs mauuaises persuasions. La fausse Chrysoteme, dont la trahison sera la source des malheurs que nous verrons au progrez de cette Histoire, changeant aussi promptement de propos comme le poulpe de couleurs, sçachant à quelle teste elle auoit à faire, s'excusa sur
les

les importunitez de Dom Sans., & sur la pitié qu'elle auoit eüe de voir souspirer à Appollodore vn mal qu'elle mesme luy auoit dit estre sans remede, mais qu'ayant faict cette faute comme par contrainte, elle ne luy en parleroit plus, aimant mieux manquer de pitié enuers les autres que de respect enuers sa Maistresse. Laure qui croyoit que cette fine femelle parlast auecque simplicité & sincerité, & comme se repentant de son employ, changeant la libre seuerité dont elle l'auoit rudoyée, en termes de douceur & de pieté, luy remõstra gracieusement sa faute, & la coniura de luy aider à la reparer en faisant en sorte qu'Appollodore se retirast, sçachant qu'il n'est point de meilleur antidote que l'absence contre la poison qui se boit par les yeux. Bien que Chrysoteme se vist surprise en cette commission, elle se sentoit engagée de l'executer, pour témoigner à sa Maistresse que si elle auoit failly par contrainte, elle se repentoit volontairemét. Laure ne treuua point de meilleur expedient que de faire ietter vn billet dans le lict d'Appollodore, par lequel il apprist

apprist que son seiour en la maison de Segeric n'estoit pas agreable, & que son retour seroit plus obligeant que sa visite. Laure l'ayant escrit d'vne lettre assez déguisée, Chrysoteme contrefaisant la fidele seruante le fit glisser dans le lict d'Appollodore, qui auerty pour elle de ce qu'il tenoit à extreme faueur, s'estant retiré plustost que de coustume, & enfermé dans sa chambre il treuua le poussin dans le nid qui luy chanta ces paroles :

APPOLLODORE,
Outre le crime de leze Majesté
diuine

diuine que vous commettez, ofant leuer les yeux & attacher voſtre cœur vers vn objet qui ne vous peut iamais legitimement appartenir, eſtant conſacré à Dieu, ſouuenez-vous que par vne laſcheté indigne de l'ame d'vn Cheualier, vous violez impudemment le droict d'hoſpitalité qui eſt ſaint entre les plus barbares. En cela vous n'offencez pas ſeulement la perſonne que vous feignez d'aimer, mais encore deux Seigneurs qui ne pourroient punir voſtre temerité d'vn ſupplice moindre que la mort, ſi voſtre attentat venoit à leur connoiſſance. Le Ciel neantmoins qui a plus de ſoin de voſtre ſalut que vous meſme, permet

permet qu'ils n'en sçachent rien, affin que vous ayez loisir de vous repentir, & de vous retirer de ce lieu où le crime que vous commettez par vostre iniuste & sacrilege passion, ne vous peut donner aucune asseurance.

Ce desesperé Gentilhomme termina presque sa vie en acheuant de lire ces lignes, où voyant vn triste congé en la place des faueurs qu'il se promettoit par l'assistance de Dom Sans & de Chrysoteme, il ne se peut dire de quelle angoisse son cœur fut saisy. Cette amere potion n'ayda pas à le faire dormir. De toute la nuict il ne fit que songer aux moyens de se deffaire de ceste affection, où il voyoit des obstacles qui auoisinoiët l'impossible; mais il ressembloit ces oyseaux engluez qui empastent leurs aisles d'autant plus qu'ils les demeinent, ou à ceux qui ne retiennent rien si bien que ce qu'ils s'efforcent d'oublier. La decence & la ciuilité l'obligent à la retraitte: c'estoit trop seiourné pour vn compliment, ioint qu'hōnorant perfaictement la Sage Laure il consentoit plustost à se bannir volontairement de sa presence qu'à

trou

troubler la paix de sa maison & de son esprit. Le lendemain il communiqua ce billet à Dom Sans qui en treuua les termes vn peu rudes, mais connoissant l'humeur de la Pelerine, encore pensa-t'il qu'elle s'estoit fait force pour les adoucir. Il eust fallu estre sans honneur pour demeurer d'auantage en ce lieu apres vn congé si pressant; Appollodore s'y resout en la mesme façon que le criminel qui quitte sa prison pour aller au supplice. L'honnesteté conuie Dom Sans de remener celuy qu'il auoit amené; ils se preparent à cela, mais de s'en s'en aller sans parler en particulier à Laure, c'est à quoy Appollodore ne se peut resoudre. Il tasche donc par tous moyens de l'abborder, mais elle preuenoit sa rencontre par des fuittes si estudiées qu'il ne sçauoit comme la ioindre; & certes sans l'ayde de Dom Sans elle ne luy eust point esté accostable, mais cestuy-cy ayant tiré sa belle Sœur à part comme pour luy communiquer auát son depart quelque affaire, Appollodore arriua sur cette conference, & Dom Sans se retirant pour contribuer aux desirs de son amy, le laissa seul auecque

auecque Laure qui se treuua lors prise ou plustost surprise sans y penser. Appollodore prennant l'occasion aux cheueux luy dit qu'il estoit contraint de se priuer du contentement qu'il receuoit en vne si chere compagnie que la sienne à cause de quelques nouuelles qu'il auoit receües, qui l'obligeoient à reprendre la route de sa maison. Laure, qui crût que c'estoit vn compliment, y repartit par de belles paroles qui ne tarissoient iamais en sa bouche. Et affin reprit le Cheualier, que vous ne pensiez pas que ce soit vne feinte, ie vous prie de prendre

dre la peine de les voir en cette petite lettre dont la brieueté vous ostera le loysir de vous ennuyer. Et en disant cela il luy mit entre les mains le billet qu'elle mesme auoit escrit. Laure vn peu esmeüe par ce traict de souplesse, & ne pouuant tenir vne contenance si ferme que son visage allumé de colere & de vergoigne n'auoüast qu'elle l'auoit tracé; Seigneur dit-elle, la retraitte & le silence vous seroient plus vtiles que les paroles & le seiour que vous faittes icy. Contentez-vous que ie n'ay point auerty mon Pere & mon Frere du tort que

vous

vous leur procurez en me regardant autremét qu'il n'est conuenable: s'ils le sçauoient, vous auriez plus de besoin de fuir pour sauuer vostre vie, que de discours pour m'entretenir d'vne passion qui m'est en horreur. Madame, reprit Appollodore, quand ie serois le plus lasche de la terre, l'ardeur qui m'anime me donneroit assez de courage pour ignorer la peur. ie ne sçay point d'hóme au monde capable de me faire fuir ; le seul respect que ie vous porte a plus de pouuoir sur moy que n'auroit vne armée. Les alterations de vostre visage,
& les

& les orages & tempeſtes qui m'y menacent ſont les ſeuls éclairs, & les ſeuls tonnerres qui me peuuent eſtonner. Ie vous reuere auecque la meſme deuotion que l'on porteroit à vne Diuinité, & i'honnore perfaittemẽt ceux de la colere deſquels vous me menacez, tant s'en faut que ie penſe faire du tort n'y à vous n'y à eux. Il eſt vray, Madame, que ſi vous aimer eſt vn outrage pour eux & pour vous ; & ſi c'eſt vn crime de cherir ce qui eſt aimable en reiglant ſes affections ſous les loix de la conſcience & de l'honneur humain, i'auoüe non ſeulement

ment d'estre coulpable, mais de ne me pouuoir repentir de cette coulpe. Quand à la perte de ma vie dont vous me menacez, elle viédra plustost de vos desdains que de l'espée d'aucun ennemy ; car i'ay des armes pour me defendre, & peut-estre pour me deffaire de l'vn, mais ie n'ay point de bouclier contre les traits des autres. Il est vray que ne la voulant garder que pour vostre seruice, ie tiendray à gloire de la perdre pour vostre consideration. Ie voudrois en auoir plusieurs pour les sacrifier toutes à vos pieds, & par là vous témoigner la grandeur

deur de mes affections. Mais puis que vous ne voulez point de si sanglátes hosties, ie me contenteray de la gloire de vous obeïr en l'action qui m'est la plus difficile, me priuant moy-mesme du plus grand bien de mon ame qui consiste en vostre veüe. Ie suis donc resolu de me departir non de vostre seruice, mais pour quelque temps de vostre presence, affin qu'en vous honnorant sans vous fascher, ie conuie vostre pitié par ma perseuerance de r'appeller vn iour vn pauure exilé qui se retire pour vous agréer d'vn seiour qu'il regardera tousiours
comme

comme le Nort où demeure son Ayman. Ces mots prononcez auecque des larmes eussent esté des charmes pour les affections de Laure, mais pour vne chaste & sainte resolution, elle faisoit reboucher tous ces traits enflammez qui eussent entamé & embrasé tout autre cœur que le sien. Ce grand & inuincible courage luy tira ces paroles de la bouche : Appollodore vous deuez connoistre à cet habit quelle ie suis, & par ma conuersation quelles sont mes mœurs, & quelles mes humeurs. si ie pouuois estre à quelqu'homme, ie tiendrois

H

à honneur vos propositions ; mais ne pouuant que ce que ie dois, & n'estant plus à moy ie ne puis pretendre à aucun, & personne ne me peut pretendre. Si vous m'aimez veritablement, comme il y a de l'apparence, & comme vous voulez que ie le croye, vous ne deuez ny desirer, ny attendre autre chose de moy qu'vne bonne volonté & vne simple bienueillance auecque laquelle ie reconnoistray tousjours de tres-bon cœur celle que vous auez pour moy. Et hors l'interest & l'obseruance de mon vœu i'auray vostre personne aussi chere que i'y suis

suis obligée pour voſtre qualité & voſtre merite. Pour maintenant ie ſuis d'auis que vous ſuiuiez la reſolution que vous auez priſe de vous retirer, puis que la fuitte eſt le ſouuerain remede aux tentations qui vous affligent. Vn iour quand voſtre eſprit ſera guery, vous ne nommerez plus ma conduitte, cruauté, mais ſageſſe; & vous ferez contraint de confeſſer que vous deurez voſtre ſanté à ma rigueur. Maintenant treuuez bon que pour rendre à Dieu les iuſtes obligations dont ie luy ſuis redeuable, ie vous prie de vous eſloigner de

H 2

moy; & de vous seruir de ce grand courage que vous faites paroistre à endurer genereusement la priuation d'vne personne qui ne vous peut estre iustemét acquise. Apres celà (s'il y auoit quelque peu de raison en ceux qui aiment) il ne falloit plus mettre d'appareil aux playes d'Appollodore ; mais tout ainsi qu'és bleceures du corps il n'y a rien de pire que d'y appliquer le miel qui a de coustume de les enflammer; de mesme la douceur enuenime celles de l'ame, dont les passions se guerissent pluftost par vne dure feuerité que par vne

vne molle condescendance. Ces termes, bien que forts & tranchans, luy semblerent neantmoins assaisonnez de quelque trempe d'espoir qui auoit selon son opinion, ie ne sçay quelle sorte de promesse cachée sous vne image de negatiue. Il se retira sur cette pensée auecque Dom Sans, qui de son costé portoit à regret la priuation de la conuersation de Chrysoteme, de laquelle il ne pensoit pas estre tant coiffé comme il le reconneut par cest esloignement. S'ils eussent esté changez en statues comme la femme du Patriarche autant de fois qu'ils regardcrent en arriere, il y eut bien eu des termes par les chemins: mais à peine eurent-ils faict quelque seiour en leurs maisons, qu'vne nouuelle occasion de retourner sur leurs brisées s'offrit à leurs vœux. Segeric affligé outre mesure de la longue maladie de son fils que les Medecins ignorans de la cause tenoient pour incurable, tomba luy mesme sous l'effort d'vne tristesse qui auança ses iours, & qui assistée de sa vieillesse qui est vne continuelle maladie, le mena en peu de temps au cercueil. Dom Sans qui y auoit l'interest

reſt que vous pouuez iuger, y courut auecque ſa femme qui ſe ſentoit obligée de rendre à ſon Pere les derniers deuoirs. Et bien qu'Appollodore ſceut qu'il importuneroit Laure en cette ſeconde viſite, toutesfois il ne voulut point laiſſer eſchapper cette opportunité, feignant d'aſſiſter Dom Sans en la conduitte de ſa femme, bien que ſon deſſein fuſt de reuoir l'object qui par l'œil l'auoit pris. Ce ieune Gẽtilhomme ſceut rendre par les chemins tant de deuoirs à Hieraque, & par là s'inſinuer en ſes bonnes graces de telle façon que luy

H 4

ayant communiqué en la presence de son mary les violentes passions qu'il auoit pour sa Sœur, pour la pitié qu'elle eut de son mal, elle luy promit toute assistance en sa recherche. Il falloit que ce Galand eut d'estranges charmes en sa conuersation, puis qu'il rendoit ses fauteurs ceux qui par la raison de l'interest se deuoient opposer à ses pretésions. De quels vents ne deuoient estre enflées les voiles de son esperance, & quel port fauorable ne pouuoit-il promettre à ses desirs? Ils arriuerent en la maison des pleurs, & dont les deux
princi

principaux piliers menaçoiét vne prochaine ruine. Vallias non moins affligé de la maladie de son Pere que de la sienne ne se peut r'auoir; & Segeric plus trauaillé du mal de son fils que du sien, ne faict que demander comme il se porte tandis que luy-mesme s'en va le grand galop au chemin de toute chair. Appollodore contrefaisant le conducteur de Hieraque ne lance vers Laure que des œillades desrobées, pareil à ces animaux qui pensent estre bien cachez quand ils ont la teste à couuert, & qui ayás les yeux fermez s'imaginent comme ils ne voyent rien, que rien aussi ne les voit. Tandis qu'ils sont en ces alteres, faisons vn tour à Iaca, pour sçauoir de quelle façõ Atanagil & Strophe ont resolu de se tirer de peine. Cettuy-cy que sa passion auoit reduit aux derniers abois de sa patience, s'auisa d'vne fourbe la plus estrange qui puisse tomber en l'esprit humain pour venir à chef de la conqueste de Laodice; mais à quoy ne se resout vn cœur pressé de cette flamme subtile, dont les effects ne sont pas moins émerueillables que ceux de la foudre. Il estoit en son adolescence, & comme

comme nous auons dit à la sortie de ses estudes, cela s'entend en vne âge qui rend les visages ambigus, & faict passer sous vn habit emprunté vn masle pour femelle. Il dit a Atanagil qu'il s'habilleroit en fille, poureu qu'à sa faueur il peut obtenir vne place dans ce troupeau de Beates, & qu'estant là il treueroit moyen de le rédre agreable à Olympe, & de la disposer à luy vouloir du bien. Atanagil appreuua cette inuention. & tandis que Dom Sans & Appollodore estoient de retour en leurs maisons auant la maladie de Segeric, il fut

treuuer Vallias, & par le credit qu'il auoit en son amitié, il fit tant qu'il obtint vne place auprès de Laure pour la Sœur de Strophe, disoit-il, qui estoit toute deuote. Ce ieune homme durant son seiour en la maison de Laure s'estoit tenu dans vn silence si reserré, & contenu dans vne si exacte modestie qu'il s'estoit rendu agreable à tout ce troupeau de Vestales; & Atanagil adioustant que ce n'estoit rien de la probité du Frere à comparaison de celle de la Sœur, fit aisément venir enuie à Laure d'auoir auprès de soy vne fille si sage & si
mode

modeste que celle qu'il luy depeignoit. La place fut donnée, & le iour pris pour l'amener. Durant ce temps-là Segeric tomba malade, & Atanagil venant pour le visiter, & voyant que c'estoit vne langueur qui tireroit de longue, demanda s'il pourroit amener Sophie (ainsi disoit-il que s'appelloit la Sœur de Strophe qui deuoit estre Strophe mesme) laquelle il disoit estre desia venuë d'Huesca à Iaca. Laure qui crût que c'estoit autant de secours qui luy arriuoit pour le seruice de son Pere & de son Frere malades, sçachant qu'il n'est
point

point de telle aide que celle qui est accompagnée de deuotion, & qui se rend pour l'Amour de Dieu, y consentit aisément. Il retourna donc prendre la feinte Sophie & le veritable Strophe qu'il auoit promis de r'amener auecque soy: & faisant croire à son retour que Strophe n'auoit pû venir pour estre tombé malade à Iaca; c'est vne chose qui ne se peut dire auec combien de naïueté ce garçon representoit le personnage d'vne fille, & d'vne fille deuote. Il n'y auoit rien de si doux, de si modeste, ny de si mortifié en l'exterieur; rien qui ne s'entist

tist sa pudeur & sa sainteté, tant il est facile de tromper les yeux des mortels, & tant est vray ce dicton d'vn ancien Poëte:

Que qui se fie trop aux fronts,
Souuent en reçoit des affronts.

L'admiration fut vniuerselle sur la grande ressemblance du Frere à la Sœur, n'y ayant celuy de tous les assistans qui auoit veu Strophe, qui ne le reconneut facilement en Sophie. On demanda à cette fausse fille s'ils estoient iumeaux, elle eut tort de respondre que non, puis qu'ils estoient nez d'vne ventrée & venus au mesme instant au monde.

monde. On luy donne vne cellule dans le departement des filles; elle pense estre en vn Paradis se voyant parmy tant de Beates. Si Atanagil se recommande à son intercession, ie le vous laisse à penser. Elle faict des merueilles à bien seruir les malades; & c'est merueille de la grande creance qu'elle acquit en peu de temps parmy ce sexe credule & si facile à deceuoir. Cependant c'est à elle de regler si bien ses mouuemens & ses paroles, qu'elle ne vienne à se descouurir que bien à propos, autrement il n'y va pas de moins que de la perte de de la vie; car vn tel affront ne se leue point que par vne semblable reparation. Il en prend à ceux qui se iettent à des entreprises hazardeuses comme à ceux qui cheminent par des precipices ou qui trauaillent sur les toits, ils doibuent bien prendre garde où ils mettent le pied, car ils ne peuuent tomber qu'vne fois. Atanagil ne peut assez admirer l'accortise de Sophie; & bien qu'il soit enuieux de son bonheur, neantmoins il ne voudroit pas estre en sa place, considerant le peril où elle estoit, & qui luy pendoit sur la teste comme

le

le couteau de Damocles. Mais tout ainsi qu'vn aueugle qui chemine en des lieux dangereux n'a pas tant de peur que celuy qui voit clair, de mesme l'aueuglement de Sophie fait qu'elle ne considere pas l'estat hazardeux où elle se plonge. La nature a de certains charmes imperceptibles, qui par vne force cachée operent des merueilleux effects: en peu de iours cette nouuelle Vestale auança tellement en credit aupres de Laure & de toutes les autres que l'on ne voyoit plus que par ses yeux; Laurette luy faisoit des caresses extraordinaires,

res, c'estoit sa chere amie non sans la jalousie des plus anciennes qui se faschoient de voir cette nouuelle venuë si auancée dans les faueurs de leur Diane, & qu'elles pensoient mieux meriter. Il n'y a plus d'accez à Laure que par Sophie, c'est la fauorite, c'est la Gouuernante, c'est la mesnagere ; les autres bon gré mal gré, sont contraintes de luy rendre hommage, & de luy témoigner de la bienueillance pour se conseruer aux bónes graces de Laure. Chrysoteme qui vole à la faueur comme la mousche au sucre s'esforce à monstrer à Sophie

de

de singulieres affections, les autres à l'enuy suiuent cét exemple; & selon la coustume des filles, font auec elle des alliances particulieres. Quelle gloire à Sophie de se voir recherchée par Laodice, dont elle desiroit l'amitié sur toutes les choses du monde. Il n'est pas iusqu'à Appollodore qui ne s'apperçoiue de la faueur de Laure enuers Sophie, & qui ne tasche de se donner accez vers elle pour se rendre Laure exorable. C'est merueille comme elle faisoit la récherie, & de quelle façon elle reiettoit les propositiós d'Appollodore qu'elle

le sçauoit estre fort à contrecœur à Laure; au lieu de luy
promettre du secours, elle le
renuoyoit rudement, protestant de s'en plaindre à sa
Maistresse s'il luy tenoit plus
de semblable langage. Mais
ce qu'elle refusoit à Appollodore estoit bien plus libera-
lement octroyé à Atanagil,
qu'elle tâschoit sourdement
de mettre dans l'esprit d'O-
lympe, l'entretenant des merites de ce Gentilhomme, &
des tourmens qu'il souffroit
à son occasion. D'autre costé Aimable passionnée pour
Atanagil sçachant le credit
que Sophie auoit aupres de
luy

luy s'essaya d'entrer en credit vers cette fille, affin de ce donner accez vers ce Cheualier qui l'auoit en horreur. Voila comme Sophie manioit tous ces esprits; & comme vn autre Sinon dans la ville de Troye mettoit le feu par tout. Chrysoteme n'osoit plus parler pour Appollodore, redoutant la colere de sa Maistresse; si Dom Sans en laschoit quelque mot, Laure sans y respondre luy témoignoit par vn regard trauersé que ce propos ne luy plaisoit pas. Et quand auec simplicité Hieraque en pensa parler à sa Sœur, elle en eut vne respõce
si

si seche, qu'il tint à peu qu'elles n'entrassent en colere l'vne contre l'autre. Cette Laure estoit semblable à ce Laurier-Rose que l'on appelle Rododaphné herissé de pointes de toutes parts, & que l'on ne sçait par où prendre. Le moindre des soucis de Sophie est d'importuner Laure des plaintes d'Appollodore, sa commission ne s'estendant que pour Atanagil & pour son propre contentement. Tous ces rebuts mettent Appollodore en des transes qui se peuuent mieux penser que dire. A qui se plaindra-t'il de son desastre sinon aux arbres & aux

& aux solitudes, puis que celle qui l'afflige n'a point d'oreilles pour ouïr ses doleances. Vn iour s'estant ietté dans vn boccage pour y resuer à son aise, pensant estre bien seul pour soulager vn peu sa peine, il souspira cette

PLAINTE.

IE meurs en languissant, & ma
  flame discrette
 Sans confort, sans repos, sans
  remede est secrette ;
 Celle qui me tient pris presque
  ne le sçait pas,
 Ou si elle le sçait, alors que ie
  souspire

Sous

*Sous l'effort de mon mal elle
n'en fait que rire;
Est-il plus dure peine ou plus
cruel trespas?
Vous qui tenez le Ciel, si quelqu'un vous offence,
Ne cherchez desormais pour
en avoir vengeance
Tourment plus inhumain que
celuy que ie sens,
Faittes-luy seulement aimer
une cruelle
Pareille à celle-là qui me tient
en ceruelle,
Vostre Enfer que ie croy n'a
point plus de tourmens.
Les esprits qui là bas sont gesnez
au supplice
Ont le destin plus doux &*

I

l'Astre plus propice,
Car la plainte est permise en leur malheur fatal,
Mais trop infortuné ie suis tout au contraire;
I'endure mille morts, & si il me faut taire
Las! quelle cruauté n'oser plaindre son mal.
Ie sçay bien qu'en aimant la chose plus requise
Est de tenir secret le feu qui nous attise,
Mais ce secret s'entend quand on est en faueur:
Cacher vn bon succez est chose bien-aisée,
Cacher vne douleur est chose mal-aisée:

Le feu n'est point persait s'il n'a de la lueur.
Que ie reçoy d'ennuy alors qu'à mon dommage
Ie sens pleuuoir sur moy les traits de son visage;
Le tourment de Tantale au mien n'est point égal:
Ie la veux abborder, le respect me retire;
Ie luy voudrois parler, & ie ne puis rien dire:
Ha! malheureux respect que tu me fais de mal.
Laure voyez combien ma douleur est extrême,
Pour ne vous irriter ie veux mal à moy-mesme;
Ie consens à ma perte en lan-

guissant pour vous,
Ie recele un flambeau qui me
 consume en cendre,
Ie le voy, ie le sens, & ne puis
 rien comprendre
Sinon qu'un tel mourir m'est
 agreable & doux.
Ie cheris cette mort qui enleue mon
 ame,
L'esleuant dans le Ciel sur ma
 loyale flame ;
Pour cela ie me tay en mon fidele esmoy,
Et puis que vostre humeur de
 mon amour s'offence,
Ie contraindray ma bouche &
 luy feray deffence;
La pitié seulement vous parlera de moy.

Par

Par fortune Atanagil estoit descendu dans le mesme iardin pour ioüir de la solitude du lieu, & y repaistre son imagination de ses creuses pensées; comme il estoit atteint d'vn mesme mal, il alloit aussi cherchant le mesme Dictame. Bien que les bois ne parlent point (si vous ne prenez pour langage le murmure qui n'aist du mouuement des Zephirs & de leurs fueilles qui alors font l'office de langues) ils ne sont iamais sans les Ecos qui resident dans leurs centres; Ecos qui redisent les paroles de ceux qui parlent dans ces concauitez. La plainte d'Appollodore vint de cette-façon frapper l'oreille d'Atanagil, qui s'approchant doucement du lieu où il oyoit fouspirer, & se glissant parmy l'espaisseur des branches eut moyen d'apperceuoir Appollodore sás estre reconneu, d'entendre son recit, & par ce recit de sçauoir sa passion, & que Laure en estoit le sujet. Cela luy donna le courage de bien esperer de la sienne, croyant que si ce Gentilhomme osoit addresser ses vœux à la Maistresse de la bande, il pouuoit bien pretendre à la iuste possession d'Olympe; & tout ainsi que celuy

celuy qui baaille en la presence d'vne compagnie inuite ceux qui le voyent à faire le mesme, ainsi le ramage d'Appollodore excita Atanagil à chanter de mesme air, affin de venir par cette industrie à la communication de leurs flammes, & de là aux moyens qu'ils tiendroient pour s'y entre-aider. Atanagil qui auoit la voix fort bonne, recita ce Romance si distinctement & si clairement qu'Appollodore n'en perdit pas vne syllabe.

DAPHNIDE,

STANCES.

Bien que vous consumiez mon ame
 Chere Olympe, ie vous promets
 De receler si bien ma flamme
 Qu'on ne la connoistra iamais.
Ie tiens ma bouche si bien close,
 Que mesme au plus fort des douleurs
 D'vn souspir seulement ie n'ose
 Donner de l'air à mes chaleurs.
Nō, l'ō ne m'ētēd iamais plaindre
 Quoy que ie souffre iour & nuict,
 Tant i'ay de force à me contraindre
 Et cacher le mal qui me nuit.

Craignez

Craignez pluſtoſt que ma poitrine
Ne s'ouure à tãt de feux ardãs;
Car lors voſtre image diuine
S'y verroit empraïnte au dedãs.

A cét air il adiouſta des plaintes douces accompagnées de souſpirs qui euſſent pû enchanter les meſmes rochers; & s'eſtant couché dans ce taillis la teſte appuyée ſur ſa main, il ne manqua pas d'attirer Appollodore auprés de ſoy par le moyen de cette induſtrie. Certes ſi la conſolation des affligez eſt d'auoir des compagnons en leurs miſeres, il ne pouuoit attendre que du ſoulagement en ſa paſſiõ par la communication d'Appollodore, qui l'ayant treuué en ceste contenance, & luy ayant dit qu'il n'estoit plus temps de se cacher à luy, puis qu'il auoit découuert son secret par ses plaintes. Et penserez vous, reprit Atanagil, estre plus sage & plus secret que moy en vostre passion dont vous auez souspiré le sujet il y a si peu d'espace. Apollodore se voyant pris au mesme filé où il pensoit surprendre Atanagil, comme compagnons de fortune ils noüerent vne estroitte amitié; & ne s'estans celez sur le sujet de leurs passions que ce qu'ils ignoroient eux mesmes,

mes, ils se promirent vne assistance inuiolable pour arriuer par vne aide mutuelle au but de leurs pretensions, qui n'auoient rien selon leur auis que d'honnorable & de legitime. Et voyez iusques où va diray-ie la confiance ou l'indiscretion ! (mais se faut-il estonner si vn aueugle chope.) Atanagil ne se pût empescher de descouurir à Appolledore la tromperie de Strophe desguisé en fille ; & puis dittes que ce sont les femmes qui ne peuuent contenir vn secret. Appollodore semblable à ceux qui se noyent, & qui se prennent à tout ce qu'ils rencontrent, crût que Sophie ne se pourroit plus excuser de luy rendre de bons offices auprès de Laure sa mine estant éuentée; & que ce luy seroit vn bon moyé pour arriuer au point où il aspiroit. Il esleua iusques aux nuées cette inuention d'Atanagil & de Strophe, & se resolurent d'adiouster la force où l'Amour ne pourroit paruenir. Tandis qu'ils sont en ces termes, Segeric pressé de l'âge & de son regret paruint aux dernieres periodes de sa vie. Toute la maison se vit remplie de Religieux & de personnes de Pieté dont il estoit

estoit le bienfaiteur & le Pere. Telle qu'auoit esté sa vie, douce, pieuse, innocéte, tranquille ; tel fut son heureux passage à l'immortelle felicité. Tout ce qui se peut desirer pour couronner vne sainte vie par vne bonne fin, se rencontra au trespas de ce vieillard honnorable, que comme vn Cinnamome & vn baume aromatique emplit tous ceux qui l'auoient connu de la bonne odeur de ses vertus. Si les estrangers pleurent cette perte, combien viuement la deurent ressentir ceux de dedans, ses deux filles & son fils. Certes quelques

prepa

preparatifs que face la raison pour se munir de constance contre de semblables atteintes, elle se treuue tousiours foible, & auecque des effects aussi courts que les discours en sont longs:

Car en pareille affliction,
Qui combat le cœur à outrāce,
Auoir beaucoup de patience
C'est monstrer peu d'affection.

Le dueil fut general, duquel on ne pouuoit attendre soulagement que du temps medecin ordinaire des plus enormes playes. On ne peut douter que le bon naturel de Vallias ne luy rendist cette priuation fort sensible; principale

cipalement quand il venoit à penser que peut-estre il auoit contribué quelque chose à l'auancement de ce trespas, dequoy il n'estoit pas en vn petit scrupule. D'autre costé tout ainsi qu'Isaac modera les deplaisirs qu'il auoit en l'ame à cause de la mort de sa bonne Mere la sage Sara, par la venuë de la belle Rebecca qui fut son espouse; de mesme Vallias commença à respirer vn air vn peu plus doux, se voyant libre & affranchy de ce respect qui l'auoit tenu en eschec, n'osant déclarer sa passion pour Medonte du viuant de son Pere, de peur qu'il
ne

ne s'opposast au dessein qu'il auoit de l'espouser. Il est bien vray que la palme se releue contre le fardeau que l'on met sur ses branches, mais quand il est osté, elle leue sa teste bien plus droitte; & deliurée de cette côtrainte qui la gesnoit, elle pousse des fleurs & des fruicts en plus grande abondance. Peu à peu la couleur reuint à Vallias, & auecque la couleur la vigueur; si bien que deschargé du faix de cette reuerence paternelle sous laquelle il gemissoit, il donna des signes euidens de conualescence : mais comme il estoit descendu lentement
dans

dans sa languissante maladie, il remonta à la santé d'vn pas beaucoup plus lent. Ce peu desperance que les Medecins conceurent de son bon portement ramena vn peu de ioye dedás cette maison toute enfoncée dans les prieres, les regrets, les larmes, & le dueil. Cruel Amour, & à trauers tout cela tu ne laisse pas de tourmenter ces ames ! Se faut-il estonner si les Poëtes font naistre Venus du milieu de la mer qui est si amere, puis que tant d'eaux, & tant d'amertumes ne sont point bastantes pour suffocquer le flambeau de l'Amour. Si Sophie

phie estoit l'Aiman de toutes les Vestales, doutez-vous que Medonte fust du nombre de celles qui s'essayoient de luy complaire. Vallias s'en apperceut, & crût que par le moyen de cette fausse fille il pourroit sonder le cœur de Medonte, & la disposer à luy vouloir du bien. Il témoigna d'agréer les seruices que luy rendoit Sophie; ce qui plût extrememét à Laure de voir que sa fauorite eust treuué grace deuant les yeux de son Frere, qui loüoit son iugement au choix qu'il auoit fait de son amitié. Souuent le malade luy demandoit des nouuelles de Strophe

Strophe son Frere qu'il difoit cherir pour l'amour d'elle : mais pluftoft, repliquoit Sophie, ie vous prie de me proteger pour l'amour de luy. Mais quand le verrons-nous, difoit Vallias; ie vous fupplie de le faire venir, il m'ennuye que ie ne le voye. A cela Sophie treuuoit diuerfes excufes, tantoft qu'il eftoit auprès de fon Pere, qui en fon âge auancé auoit befoin de fon aide; tantoft qu'il eftoit allé en Catalogne. & en fin elle luy difoit, Seigneur qui me voit ne voit-il pas mon Frere, quel feruice pouuez vous defirer de luy que ie ne

ne sois disposée de vous rédre. Par ces petits mots Sophie vint en la familiarité de Vallias; & iusqu'à tel point de cófiance que ce qu'il n'auoit iamais voulu reueler ny aux Medecins, n'y à son Pere, ny à ses Sœurs, ny à Medonte mesme cause de son tourment, il le declara à cette fausse femelle. laquelle se treuua plus que disposée à le secourir en ce qu'il desiroit. Et de fait elle ne manquoit point de se rendre si familiere auecque Medonte qui se sentoit fort honnorée de ses caresses, qu'il luy fit connoistre que le remede du mal de Vallias estoit en
sa

sa puissance ; & que n'ayant point encore fait de vœu de Chasteté elle pouuoit arriuer à vn degré de fortune plus eminent que sa naissance ne luy pouuoit promettre. La vertueuse fille fut à l'abbord troublée de ces propos : car elle eust mieux aymé perdre mille vies que de blecer son honneur en vn seul point; d'aspirer aussi aux nopces de Vallias ce luy sébloit vne temerité manifeste: mais ayant entendu que c'estoit l'intention du nouueau Marquis de la prendre à femme, non sans vne vermeille couleur qui rendit son teint plus vif & sa beauté

beauté plus éclatante elle presta volontiers l'oreille à ce que Sophie luy voulut dire. Mais luy dit-elle ne me trompez-pas; car si ie m'aperçoy tant soit peu que ce soit pour m'amuser ou plustost pour m'abuser que vous m'ayez parlé de mariage, ie me ietteray plustost entre les bras de la mort qu'être ceux d'vn homme qui me voudra rauir l'honesteté. Sophie l'asseura de cette crainte en luy disant qu'elle aimeroit mieux mourir elle mesme que de s'employer pour vne action deshonnorable, & qui la rédroit indigne de voir le iour. Si Vallias

lias fut resioüy du raport que luy fit Sophie, i'en fay iuge quiconque cõsiderera à quelle extremité l'auoit reduit sa passion. Cela luy donna le courage de la declarer à Medonte, qui receut en bonne part les protestations de sa bienueillance, pourueu qu'il eust les loix Chrestiennes & la Vertu pour object. Ce que Vallias luy ayant saintement iuré, Medonte luy dit qu'il n'eust desormais autre soin que de se guerir, & que de sa part elle y contribueroit tous les seruices dont elle se sentoit redeuable à son amitié. Par ces douces paroles le
Mar

Marquis connut qu'elle ne differoit le remede de sa langueur, que quand sa guerison l'auroit rendu capable de le receuoir. Mais parce que l'Amour se plaist à l'ombre & au secret pour cacher son dessein, iusques à ce qu'il fust sur le point de l'esclorre, ces Amans treuuerent bon que Vallias fist l'empressé de Sophie, pourueu dit Medonre, que cette feinte ne passe point en verité, comme il arriue souuent à l'inconstance des hommes. Vallias iugeant de sa dilectiō par cette pointe de ialousie, en fut plus content que mal satisfaict; & sur les

les sermens de mourir plustost que de changer, si ordinaires à ceux qui aiment, il se mit à rendre des témoignages si euidens de bienueillance à Sophie, que chacun s'estonnoit de voir des charbōs si vifs dans la cendre d'vne si languissante maladie. Les familiaritez de Dom Sans & de Chrysoteme n'estoient rien à cōparaison de celles de Vallias & de Sophie, soit que Dom Sans fust plus reserué en la presence de sa femme, soit que Chrysoteme craignant de perdre l'amitié de sa Maistresse, ou de donner de la ialousie à Hieraque luy fist

K

vne mine plus froide. Cette priuauté mit en ombrage tous ceux qui la voyoient; & bien que Laure aimaſt Sophie, ſi eſt-ce qu'elle euſt voulu voir ſon Frere plus auantageuſement pourueu. Imaginez-vous de quelle façon Sophie auecque Atanagil ſe donnoit du paſſe-temps de voir ſi perfaittement reüſſir ceſte tromperie: car bien que ce fuſt vne contre-mine, & que la trompeuſe Sophie fut trompée, ſi eſt-ce qu'elle croyoit fermement que Vallias eut pour elle de la paſſion; à quoy elle contribuoit tous les charmes qu'elle pouuoit

uoit treuuer en ses affetteries. Mais comme il ne faut qu'vn petit nuage pour troubler la serenité d'vn beau iour ; ce fut auec vne extreme douleur qu'elle apprit d'Atanagil qu'Appollodore sçauoit de ses nouuelles : car comme il ne faut que la moindre ouuerture en vn vaisseau pour le faire perir au milieu de la mer pour l'eau qui s'y coule insensiblement: de mesme en cét Ocean de contentemens où elle nageoit, elle redoutoit que ce secret estant connu d'Appollodore ne vint par luy à estre éuenté : ce qui ne pouuoit estre sans attirer sur sa teste vne ruine infaillible. Et en cela elle fut autant Prophete qu'vne Sybille : car apres auoir long-temps amusé Appollodore sans qu'il vist aucun effect de son employ enuers Laure, ce Gentilhomme s'alla imaginer qu'elle ne se glissoit dans les affections du Frere que pour posseder la Sœur; & que faisant semblant d'auoir des passiós pour Laodice, elle visoit à Laure, brassant vne trahison à son des-auantage. Et comme si la fortune lassée de fauoriser la fourbe de Sophie eust voulu luy faire prendre le penchant de sa roüe, cette opinion se rendit

rendit si forte dans l'esprit d'Appollodore, qu'elle y passa pour creance, & creance confirmée par cette rencontre. Apres que Dom Sans, sa femme, & Chrysoteme eurent perdu leur credit aupres de Laure, & qu'elle leur eust à tous fermé la bouche, la derniere corde de l'arc ce fut le recours à Sophie, qui faisant la froide comme en vne entreprise où elle ne voyoit point de iour; foy de Cheualier, luy dit l'irrité Appollodore, ie voy bien que trompant tout le monde vous me voulez tromper comme les autres; mais la trōperie pourroit bien tomber sur la teste du trompeur. Sçachez donc que si vous ne m'obtenez vne bonne responce de Laure, que ie tiendray pour asseuré ce que i'ay eu pour incertain iusqu'à cette heure, qui est que vous-mesme pretendez à Laure ; ce qui ne peut estre que ie n'aye vostre vie ou que vous n'ayez la mienne. Sophie eut beau luy protester qu'elle n'auoit aucun dessein pour Laure, & que ce qui l'auoit fait déguiser ainsi, estoit le sujet de Laodice : car plus elle iuroit, moins estoit-elle creüe; & plus faisoit-elle croire à Appollodore qu'elle feignoit

gnoit de la passion pour Laodice pour cacher mieux ses pretensions. Il fallut donc par necessité pour éuiter la descouuerte dont ce ialoux la menaçoit, qu'elle luy promit de faire ses derniers efforts sur l'esprit de Laure, le coniurant de n'attribuer point à sa faute, si elle n'obtenoit vne responce fauorable, n'estant pas iuste d'accuser le conseil ny la volonté de celuy qui le donne quand l'euenement ne correspond pas au desir. En cette contrainte elle abborda Laure, à laquelle ayant representé les tourmens d'Appollodore, elle la mit en la plus grande colere qu'elle eust iamais eüe; & contre sa coustume & son naturel elle en receut pour responce tant d'outrages & d'iniures, qu'il tint à peu que sur le champ Laure ne luy donnast son congé, & la fist sortir de sa maison; mais remettant cela à vne deliberation plus meure, elle se contenta de l'en menacer, s'il luy arriuoit iamais de luy auancer de semblables propos si contraires à son vœu & à sa vie. Apres cela il n'y eut plus de replique, sans d'auantage marchander, Sophie apporta cette responce de mort à Appollodore, qui plein de desespoir

poir & de rage, dit côtre Laure, contre Sophie, contre le Ciel & les Astres, contre les destins & la fortune, ce que la fureur a de coustume de tirer d'vne bouche passionnée. Il se crût trahy & vendu; & bien que Sophie luy iurast par des sermens horribles qu'elle auoit fait tous ses efforts pour le seruir, il n'en vouloit rien croire; & plus elle le prioit de ne la perdre pas, plus il se determinoit à sa ruine. Laure ne se côtenta pas d'auoir clos le bec à Sophie, pour trancher tout d'vn coup ce nœud Gordien, & oster à Appollodore tout espoir de resiance,

elle l'abborda vn iour, & luy dit qu'elle s'eſtonnoit qu'il retournaſt à ſon vomiſſemét; & que pour empeſcher que ſes dernieres erreurs ne fuſſent pires que les premieres, elle le ſupplioit de ſe retirer d'vn lieu d'où il ne pouuoit attendre que des meſcontentemens. Que s'il ne prenoit d'amitié le congé qu'elle luy donnoit, elle ſeroit contrainte de recourir à la force; ce qui ne pourroit eſtre ſans bruit & ſans ſa honte. Appollodore voyant la cognée à la racine de ſon eſperance, fit comme le flambeau qui iette vne grande lueur eſtant ſur le
point

point de s'esteindre, ou comme les ioüeurs qui apres auoir beaucoup perdu font vne vade de leur reste. Apres donc auoir escumé contre Laure tout ce qu'vn esprit forcené de courroux peut vomir pour témoigner sa rage, & laissé le respect (element de la vraye Amour) bien loin derriere soy, ne voila pas que la ialousie qui luy rongeoit le cœur en la façon que le Vautour deuore le foye de celuy qui est attaché au Caucase, luy va faire lancer des reproches contre l'honneur de Laure, comme contre la plus perduë & abandonnée creature qui euſt eſté au monde. Cette Beate plus eſtonnée de ces propos que ſi le tonnerre fuſt venu balier la terre ſous ſes pieds; & croyât que le tranſport d'eſprit luy euſt tout à faict oſté l'vſage de la raiſon ne ſceut que luy reſpondre, ſinon qu'elle luy ſouhaittoit vn ſens plus raſſis. L'autre pour monſtrer qu'il parloit en homme bien ſensé, luy dit qu'elle tenoit parmy ſes compagnes des garçons veſtus en fille, & qu'il vouloit perdre la teſte, ſi Sophie n'eſtoit le meſme homme qui auoit eſté autrefois en ſa maiſon ſous le nom de Strophe; que cette

hypo

hypocrisie abominable, abusant ainsi des habits & des façons de viure les plus religieuses & venerables pour couurir des impuretez & des impietez, meritoit d'estre punie de toutes les foudres du Ciel & de tous les supplices de la terre. Et puis supposer vn vœu feint pour reietter ses flammes qui estoient pures & legitimes, pour couurir des ordures du voile de Religion c'estoit pour attirer du Ciel vne punition exéplaire. qu'il estoit prest de s'en aller, mais que c'estoit pour publier plus haut qu'vn trompette à tout le Monde, le crime le plus
execra

execrable & le plus digne de chastiment que la terre porta iamais. Si iamais creature fut saisie d'estonnement, iugez si Laure le deuoit estre, puis que mesurant son innocence à cette accusation en laquelle paroissoit quelque vray-semblance: elle ne sçauoit quelle replique faire à ce furieux qui rouloit des yeux en la teste plus étincellans que ceux d'vn Lyon quand il attise sa colere en battant ses flancs auecque sa queüe. Tout ce qu'elle pût obtenir de sa propre discretion, ce fut de se retirer sans bruit, & le laisser là digerant son amertume auecque des conuulsions de maniacle. Ce n'eust pas esté prudéce à Laure de diuulguer si soudainement ce qu'elle venoit d'apprendre ; & qui luy auoit glacé le sein en la mesme sorte que si à l'improuueu elle eust marché sur vn serpent. elle iugea qu'il estoit plus à propos de faire son enqueste à la sourdine qu'à la trompette, parce que cecy venant à se diuulguer ne pouuoit apporter que du scandale plustost que de l'edification, le monde estant beaucoup plus disposé à croire la malice qu'à deffendre l'innocéce. Tandis qu'elle pense aux moyens qu'elle

rien

tiendra pour décououirir l'anatheme, & faire punir les coulpables selon leur demerite, Appollodore va treuuer Dom Sans, & se plaignant du congé que luy venoit de donner Laure, comme d'vn affront outrageux & insupportable à vn Seigneur de sa qualité ; Dom Sans y prenant part comme n'estant pas trop content de sa belle Sœur qui éclairoit de trop pres à son gré ses deportemens auecque Chrysoteme, & qu'il croyoit en auoir fait de mauuais contes à sa femme, toute la maison fut en moins de rien remplie d'vn tel vacarme que quand

quand le feu y euſt eſté, ſans doute le tumulte & le trouble n'euſt pas eſté plus grand. Promptement ils ſe diſpoſent à partir, & quelques prieres que leur fiſt Vallias de ne laiſſer point ſa maiſon auecque meſcontentement, iettant toute la faute ſur l'indiſcretion de Laure dont il ne deuoit pas reſſentir la peine, il ne fut pas en ſa puiſſance de les retenir. Dom Sans emmeine ſa femme, & part auecque Appollodore ſans vouloir dire Adieu à Laure qui le coniuroit de luy preſter vn moment d'audience pour luy dire le ſujet qu'elle auoit eu

de

de mal traitter Appollodore, & l'outrageuse offence qu'elle en auoit receüe. Au contraire cóme s'il eust cóplotté auec Appollodore d'essayer sa patience iusques au dernier point que ne luy dit-il, de quelles reproches ne courut-il son visage, l'appellant hypocrite, bigotte, & indigne de la bienueillance & de la recherche d'vn si braue Cheualier. Voila toute cette maison au plus grand desordre, & en la plus extreme confusion qui se puisse imaginer ; & à dire la verité, il n'y a point de si fascheuse colere que celle qui ne veut pas entendre, &
qui

qui bouche tous les passages à la raison. Chrysoteme se desespere voyant partir de la sorte celuy en qui elle auoit mis tout son appuy; & redoutant quand il seroit absent que Laure ne tournast contre elle la pointe de son courroux, elle se démenoit dans ce tintamarre en la façon de celuy qui durant le bruit du tonnerre a peur que la foudre ne l'ecrase. Dom Sans la console le mieux qu'il peut, & la releue de cette apprehension par la promesse qu'il luy faict de l'accueillir au cas que Laure ou Vallias luy donnassent son congé, luy commandant

de

de demeurer cependant en la maison du Marquis pour luy seruir d'espie, & luy donner auis de tout ce qui s'y passeroit ; & sur tout si Vallias passeroit si auant en l'Amour de Sophie qu'il la vouluft espouser ; à quoy il se promettoit de faire de telles oppositions qu'il empescheroit ces nopces. Mais en cela il debuttoit mal : car il apprit par les chemins en deuisant auec Appollodore de leurs communs mescontentemens, toute la tromperie de Strophe que ce Cheualier irrité luy representa en la façon de ces fausses glaces qui font voir les objects

jects tous differens de leur naturel: car il luy fit entendre que Laure en estoit consentante, & qu'en ce malheur il y auoit de l'intelligence entre Vallias & elle pour esbloüir les yeux des regardans. il adiousta (car la mensonge ne va iamais seule) qu'il y auoit d'autres garçons deguisez en filles parmy ces Beates, & que les vns estoient pour Laure & les autres pour Vallias, qui par excez de débauche cõmis en ce serrail estoit tombé en la langueur dont il ne se pouuoit remettre. Ce recit mit tellemét le feu dans les oreilles de Dom Sans qu'il tint à peu

peu que de ce pas il ne retournast sur ses brisées pour aller renuerser tout ce mystere d'iniquité : mais le desir qu'il auoit de remettre sa femme en son mesnage, retint cette boutade, se proposant de faire vne vengeance plus memorable de toute cette infamie, s'il se dōnoit plus de loisir d'y penser. Laissons-le dōc aller auecque son train, & rebroussons vers Laure pour voir de quelle façon elle démeslera cette fusée si embroüillée que luy a laisée Appollodore. Elle pria son Frere de faire en sorte que Sophie fist venir Strophe, soit
qu'il

qu'il fust à Iaca ou à Huesca, offrant d'y enuoyer vn homme ou des cheuaux exprez. Vallias en parla à Sophie en la presence de Laure, qui à la diuersité de ses responces, & à la variation de son visage, fit soupçonner à Laure que la reproche d'Appollodore ne fust trop veritable. Sophie se voyant presée de luy escrire (c'est à dire à soy-mesme) demanda à Vallias pourquoy il desiroit auecque tant d'instance voir son Frere : c'est reprit Laure pour vne affaire qui vous importe extremement. Si l'affaire m'importe, reprit Sophie, qu'est-il besoin
de

de mon Frere, pensez-vous que ie n'aye point d'autres oreilles que les siennes, & que ie me gouuerne par sa volonté. Si vous luy estes aussi semblable d'esprit que de visage, reprit Laure, vous ne voudrez que ce qu'il voudra. Mais encore, dit Sophie, que voulez-vous faire de luy: Ie seray bien aise, respondit Vallias, de l'auoir aupres de moy, comme vous estes aupres de ma Sœur. Seigneur, dit Sophie en riant, voulez-vous faire vn Conuent de Beats comme celle-cy en a vn de Beates. certes, mon Frere n'est pas de cette humeur; ioint qu'il est si
necessai

necessaire à mon Pere que c'est ruiner nostre maison que de le separer de ce vieillard. Il n'y a pas si loing, reprit Laure, d'icy à Huesca que nous ne puissions auoir de ses nouuelles d'icy à trois iours; si vous ne luy voulez escrire, ie luy escriray, & le coniureray de nous venir voir: Atanagil m'en a donné l'addresse, & ie m'asseure qu'il est si bon Frere qu'il ne manquera point de vous venir visiter pour auoir le contentement de vous voir en ce nouuel habit. Madame, reprit Sophie, les Freres de ce temps icy ne demandent que d'estre déchar-

L

gez de leurs Sœurs quand ils les sçauent en bon lieu & en seureté, ils ne se souuiennent non plus d'elles que si elles estoient couchées dans le cercueil. Strophe, reprit Laure, est trop hônestre Gentilhomme pour estre de cette humeur; ie m'asseure qu'il a autant de soin de sa Sœur Sophie que de soy-mesme, & qu'il ne la peut non plus arracher de sa memoire qu'oublier son propre nom. Laure atteignit de ce coup si pres du but, qu'il ne fut point en la puissance de Sophie d'empescher que le sang ne luy montast au visage; ce qui
donna

donna vn signe euidét à Laure de l'émotion de son cœur. De vous dire quelle fut la plus estonnée de l'vne ou de l'autre, il seroit malaisé. car si Sophie redoutoit que ce qu'elle tenoit caché se découurit, Laure n'auoit pas moins de peur de treuuer veritable ce qu'elle eust souhaitté estre faux pour faire métir Appollodore, & r'entrer son accusation dans sa bouche comme calomnieuse. Tandis qu'ils sont en cette doute, & qu'Atanagil est aux alarmes sur l'auis que luy donna Sophie de cette demande de Strophe, Laure fait par ses plus confidentes faire vne foigneufe recherche pour defcouurir fi toutes fes Veftales eftoient d'vn fexe conforme à leur habit ; il ny eut que Sophie en qui elles perdirent leurs fineſſes, parce qu'eſtant en deffiance, elle fe tenoit fi foigneufement fur fes gardes que l'on ne pouuoit deuiner à aucun figne de quelle efpece elle eſtoit. Durant ce temps là Laure fit aller vn homme à Huefca pour s'enquerir de la maifon de Strophe, & fçauoir où il eftoit : il apprit que fon Pere ne l'auoit veu il y auoit long temps, & qu'il croyoit qu'il fut à Iaca aupres d'Ata d'Atanagil, & qu'il n'auoit qu'vne Sœur plus âgée que luy qui eſtoit mariée à Venaſque. Cecy rapporté à Laure, elle ne tint que trop aſſeuré ce qui luy auoit eſté dit par Appollodore ; & que les mauuaiſes nouuelles ne ſont touſiours que trop veritables. Sur quoy elle medita d'en faire vn chaſtiment ſi exemplaire que par là on peuſt connoiſtre qu'elle eſtoit exempte de tout crime. Si elle en euſt auerty ſon Frere, outre que l'émotion de la colere luy euſt pû donner la fieure & luy cauſer vne recheute pire que ſon premier mal, elle

L 3

craignoit que Sophie ne passast par le fil de l'espée pour lauer sa faute dans son sang; & elle ne vouloit pas la mort du pecheur, n'y soüiller sa maison d'vn meurtre. Elle s'auisa donc d'assembler ses Sœurs, & de les auertir de cette insigne tromperie; & en mesme temps elle gaigna par argent trois forts & puissans hommes seruiteurs domestiques pour saisir Sophie, la despoüiller toute nuë, & luy faire chanter vn Miserere à la façon des Penitens que l'on appelle battus. Ces trois Galands bien resolus de faire leur deuoir, elle fit venir

ses

ses Sœurs; & apres leur auoir fait vne graue remonstrance pour asseurer la foiblesse de leurs esprits contre la grandeur du scandale qu'elle auoit à leur manifester, il n'y auoit celle mesme des plus innocentes à qui le cœur ne battist; & qui ne tremblast comme la fueille. Desia Medonte se preparoit à vne griefue reprimande, pensant estre descouuerte; tantost Chrysoteme pensoit que ce pacquet s'addressoit à elle, & que ses intelligences auecque Dom Sans fussent éuentées. Aimable qui se sentoit coulpable de la passion qu'elle auoit témoigné à Atanagil, n'estoit pas en vne petite trãse. Et Olympe pour auoir teu ses recherches craignant de causer du trouble, se sentoit merueilleusement troublée. Mais sur toutes Laodice qui auoit esté tant cajollée par Sophie, qui la coniuroit à tous propos de vouloir aimer son frere Strophe, dont elle luy depeignoit les flammes, les merites & les richesses, qualitez capables d'esmouuoir les cœurs les plus asseurez; les autres que le priuilege de leur vieillesse ou de leur laideur exemptoit de ces passions dangereuses, auoient d'autres deffauts

deffauts dont elles redoutoient vne cenfure publique. Neantmoins ce qui leur fit coniecturer que l'orage creueroit fur Sophie, ce fut fon abfence. Dieu! que deuindrent-elles quand apres auoir efté bien prefchées par Laure fur le fujet du fcandale qui n'eft receu que par les efprits foibles comme il n'eft donné que par les mauuais. & qu'il eftoit neceffaire qu'il en arriuaft, affin que le bon grain paruft d'auantage dans la zizanie, auecque cet exemple qui eft en la bouche de tout le monde du College Apoftolique, où il fe treuua vn

Iudas, vn Pierre renieur de son Maistre, & tous qui s'enfuirent en la prise du Sauueur au Iardin. En fin elles sceurent que cette Sophie qui auoit vescu quelques mois parmy elles sous l'habit de fille & de Beate, estoit ce mesme ieune homme qu'elles auoient veu auparauant sous le nom de Strophe. vne exclamation si generale saisit tout ce timide troupeau, que peu s'en fallut qu'elles ne tombassent pasmées. La honte qui s'alluma sur leurs ioües les fit paroistre rouges & enflammées comme des charbons; & si elles eussent pû s'enseuelir sous la terre

terre & se cacher à leurs propres yeux, elles l'eussent fait bien volontiers. Quand elles se souuenoient des innocens embrassemens, & des simples baisers dont elles auoient fauorisé cette fausse femelle. de tant d'actions que la bienseance permet aux filles en la presence de leurs compagnes, & leur deffend expressément en celles des hommes, du peigner, du deshabiller, du coucher, des bains, & de tant d'autres fonctions si necessaires & si communes en la vie; elles estoient tellement confonduës qu'elles ne se pouuoient r'auoir de leur saisisse-
L 6

ment. Il n'y eut que les vieilles & quelques seruantes d'vn esprit plus rude & grossier, qui entrerent en vne telle fureur que comme des Bacchantes forcenées elles vouloient aller courir sur cet affronteur, & le mettre en autant de pieces que les Menades en firent de Penthée. & si Laure par vn ton seuere n'eust retenu leur impetuosité, elle s'alloient débander comme vn torrent qui rompt ses digues.

DAPHNI

DAPHNIDE,

Liure Troisiesme.

LA promesse qu'elle leur fit de les vanger exemplairemét les accoisa. Mais il la fallut executer promptement, tant pour satisfaire à leur ardeur, que pour prendre Sophie sans vert, & sans luy donner le loisir d'en sentir le vent & d'en estre auertie. Laure fut donc à sa cellule accompagnée de ses trois satellites resolus de chastier

chaſtier cõme il falloit ce traiſtre Sinon, & cette Grecque Heleine; le troupeau des Veſtales irritées les ſuiuoit de loin pour ioüir du ſouuerain contentemẽt de celles de leur ſexe, qui eſt de ſe voir vãgées. Laure entrant à l'impourueu dans la chambre de Sophie, la ſurpris qui s'agẽçoit, & luy dit: Ma Sœur ie ne ſuis pas reſoluë de vous garder plus long temps aupres de moy, puis que ne ſçachãt que vous eſtes que par le témoignage d'Atanagil, vous n'auez pas voulu faire venir voſtre Frere Strophe, ny aucun de vos parens pour reſpondre de vos actions, actiõs, lesquelles à n'en point mentir, depuis quelques iours me sont deuenuës suspectes. Ie voy que vous-vous donnez des libertez auecque mon Frere, qui ne sont pas belle en vne fille qui porte l'habit que vous auez, & qui veut faire profession de viure à mon exemple. Cela scádalize toutes nos Sœurs qui ne peuuent plus souffrir ce train là. Ie sçay de bonne part que vostre temerité s'esleue iusqu'à ce point de pretendre aux nopces du Marquis ; mais ie sçauray bien r'abbatre le vol d'vne si presomptueuse pensée en vous mettant dehors

par

par les espaules ; & cela auec autant de honte que vous y estes entrée auec impudence, & comportée auec effronterie. Comme Sophie vouloit repliquer & adoucir son courage protestant qu'elle n'auoit aucune pretension (ce qui estoit vray) d'espouser Vallias, elle se vit saisie au collet par ces trois grands & robustes valets, ausquels Laure commanda de luy oster l'habit de Beate, pour luy rendre celuy qu'elle auoit apporté à la maison. Sophie auoit beau crier & se debattre, disant que ce n'estoit pas ainsi qu'il falloit faire despoüiller

poüiller vne fille par des hommes, que c'eſtoit la traitter indignement, & en fille perduë, qu'elle penſoit que Laure d'euſt auoir l'honneur en plus de recommandation. l'oyſeau de proye n'a pas pluſtoſt plumé la perdrix ſur laquelle il eſt fondu & dont il veut faire curée, que ces trois Galands pareils à vn Cerbere à trois goſiers eurent deſcoiffé & deueſtu Sophie, qui en ſes cheueux cours, & en ſon ſein deſcouuert fit connoiſtre la peau de Strophe. Alors ces valets de chambre tirans des grands foüets qu'ils tenoient cachez ſous leurs caſaques,

saques, commencerent à battre Sophie sur les espaules de Strophe; & à escrire sur le parchemin de sa peau en lettres rouges & en sanglans caracteres l'arrest de sa cōdamnation. La gresle ne tombe point plus impitoyablement sur les fleurs que les coups sur cette chair delicate; chaque atteinte fait sa marque, & chaque marque emporte la piece. Ils tiennent cette fausse femelle de si pres qu'elle n'a rien de libre que la voix & la langue pour crier au meurtre sous la pesāteur de ces fleaux. L'Ode estoit lamentable; car on y châtoit à tour de recolle
& de

& de bras des Epodes, & puis des Strophes & des Antistrophes, dont la cadence estoit si bien marquée sur le dos de ce trompeur, qu'il pouuoit bien dire que les pecheurs bastissoient, ou plustost battoient sur son dos comme l'on faict le bled dás la grange. On dit que le Safran profite sous la gresle; s'il est du naturel de cette plante, cette-cy le fera sage, & ainsi de son dommage il tirera de l'vtilité. Cette horrible tempeste ne fut que le preambule d'vne autre, car cóme si par surcroist de douleur on eust voulu adiouster douleur sur douleur

leur & ietter du vinaigre sur ses playes, les filles animées par ce chamaillis, & enuenimées de rage côtre cet imposteur coururent toutes contre luy sans que Laure pût arrester leur fureur ; & non contétes si elles-mesmes de leurs propres mains ne prenoient vengeance de ce miserable, elles se ietterent sur luy en la façon d'vn essaim d'abeilles qui se ruë sur vn Ours qui a deuoré leurs rayons. & la plus part n'ayant comme les chats autres armes que leurs ongles, les luy enfoncerent dans la face si outrageusement que l'on ne pouuoit reconnoistre
et

en quel lieu de son corps estoit son visage. sur tout, à l'imitation des corbeaux, elles allerent à ses yeux scelerats, qu'elles luy vouloient à toute force arracher de la teste. La fausse Sophie & le vray Strophe ne se pouuoit en aucune façon deffendre contre cette inuasion; car il estoit si estroittement serré par ces trois grands satellites qui le tenoient, qu'il estoit tout ainsi qu'vn but à tous les traits de ces insolences. Trois vieilles filles comme autant de furies & de Megeres vindrent les dernieres Iphianasse, Nise, & Megathime, qui le penserent

rent tuer: car non côtentes de leurs ongles que l'âge auoit ou rongez ou affoiblis, elles l'abborderent auecque des couteaux à la main. Strophe alors se tint pour mort ; & de faict elles l'eussent tué si les valets n'eusset détourné leurs coups ; elles luy vouloient couper le nez & les leûres; l'vne luy porta vn coup au trauers du visage, l'autre luy en donna vn dans l'œil, & l'autre dans le bras, qui furent ses trois plus cruelles bleceures. Le miserable se voyant gasté crioit qu'on l'acheuast ; aussi acheua-t'on de le déuestir de l'habit blanc, & les habits qu'il

qu'il auoit apportez luy ayāt esté iettez sur les espaules scarifiées de la sorte que nous auons dit, sans autre ceremonie on le met à la porte, & luy dōne-t'on la campagne pour prison. De fortune (bonne pour luy) Atanagil entendit quelque rumeur; & les cris de Sophie venus à ses oreilles, il iugea (& prudemment) que tout estant découuert il auroit mauuais marché de la vouloir secourir en vn lieu où on l'auroit prise à l'auantage, & que mesme il auroit de la peine à se deffendre en vn lieu où il ne seroit pas le plus fort. sur quoy il auisa à se retirer
en

en seureté plustost que de s'engager mal à propos en cette meslée. Il gaigna la porte où il se fit vn passage l'espée à la main, & peu apres qu'il fut sorty il vit que l'on y mit Sophie en l'habit seculier auquel il l'auoit amenée; & s'approchant d'elle, il la vit toute en sang & sans forme de visage, vn œil à demy creué, les ioües deschirées, & vne estafilade tout au trauers qui luy faisoit faire vne mine pleine d'horreur. Leur meilleur fut de fuir, remettant en lieu de repos & d'asseurance à discourir de leur auanture. Ils s'arresterét au premier village

Strophe n'en pouuant plus, tant pour la perte de son sang & la douleur de ses bleceures que pour estre tout moulu de coups. Les malheurs qui ne vont iamais qu'en troupe furent tels que dans ce village il ne se treuua point de Chirurgien ; mais seulement vne vieille matrone qui se mesloit de faire quelques distillatiõs & onguens par routine non par science, auec quoy elle pansoit quelquefois les gens de la campagne, qui par hazard s'en treuuans bien, la tenoient pour vn Esculape. Strophe qui pensoit que ce secours luy vient du Ciel en

sa tribulation, treuua sa mort dans l'ignorance de cette Sybile, au lieu d'y rencontrer sa guerison & sa vie. Car prenant vne fiolle pour vne autre au lieu de luy estuuer les yeux qu'il auoit tous escorchez & ensanglantez auecque des eaux raffraischissantes, elle y en appliqua de fortes qui y mirent vne telle inflammation que le lendemain il en perdit l'vsage; ainsi l'aueuglement de son esprit luy apporta celuy du corps. En la mesme façon le feu se mit à ses playes par les emplastres qu'elle y appliqua: & à peine fut-il arriué à Iaca où
le

le conduisit Atanagil pour le faire mieux panser, que la gangrene s'y mettant il fut plustost couché dans le tombeau que l'on n'eust nouuelles de sa folie & de son mal. Laissons ses os en paix, & croyons pieusement que la diuine Misericorde se sera estenduë & côfirmée sur luy, puis que la Penitence & le chastiment suiuit si promptement sa faute. Pour sçauoir ce qui se passe au Chasteau de Segeric; vne punitiõ si exemplaire & à la veüe de tant de filles se pouuoit-elle celer lõg temps? Quand Vallias en fut auerty, il entra en vne telle colere que s'il n'eust esté attaint d'vne extreme lagueur, il se fust leué pour courir apres cét imposteur qui auoit si honteusement affronté sa maison, reprochant à sa sœur sa lascheté de ne l'auoir faict mettre en pieces, & reduire Atanagil autheur de ce crime en mesme estat. Peu de iours aprés, quand il sceust la mort de Strophe, & que le Dieu des vengeances par vne rencontre merueilleuse auoit fait la sienne il fut satisfaict. Mais de pardon pour Atanagil il n'y auoit point encore de place en son courage. Là dessus Dom Sans reuint en haste accompa compagné de plusieurs de ses amis qui l'auoient suiuy pour briser vne porte qui estoit desia rompuë, & punir celuy qui l'estoit desia. Appollodore qui s'estoit mis à sa suitte picqué du congé qu'on luy auoit donné, mais non deliuré de son Amour pour Laure, estoit demeuré à quelques lieües de là, attendant auec impatience des nouuelles de ce qu'executeroit Dom Sans. Lequel ayant appris au vray de Chrysoteme comme tout s'estoit passé, fut extrememét aise de voir à clair l'innocence de Laure, & que l'opprobre fust leué d'vne maison à l'honneur de laquelle par alliance il estoit interessé. Appollodore qui auoit à tous momens des messagers en campagne en fut aussi-tost auerty, & ioyeux de se voir si bien vangé & deffaict de celuy qui estoit le fondement de sa ialousie deuint plus amoureux de Laure qu'il n'estoit, connoissant par cette executió combien elle estoit genereusement vertueüse. Il vit Dom Sans en secret, & luy auoüa que l'accusation qu'il luy auoit faitte contre l'integrité de sa belle Sœur n'estoit procedée que de la rage de sa ialousie: mais qu'il auoit appris

pris d'Atanagil que la passion que Strophe auoit pour Laodice, l'auoit porté à cette imposture dont il auoit esté puny comme il meritoit. Pour dire les diuers bruits qui coururent par le Monde sur cét euenement, il faudroit auoir autant de plumes & de langues que la Renommée. Tous tiroient à l'aueugle, & peu attaignoient au blanc de la verité. Il se fit, (selon la malice de ceux qui iugent temerairement) des discours fort preiudiciables à l'honneur de Laure; & comme les impies prennent sur les moindres occasions sujet de blasmer ou plustost de blasphemer la deuotion, que ne dirent-ils de cette benite assemblée de Beates. C'est ainsi que Sathan se plaisoit à les cribler, & à leur faire la guerre à outrāce, comme elles la luy faisoient de leur costé par leurs exercices de Vertu. Sur ces diuers bruits plus inconstans que les flots de la Mer, vn Poëte fit vn Romance dont le sens reuenoit aux paroles de ce

SONNET.

Les bruits qui sont des Dieux incessamment parlans,
Et de tant de sujets, & en tant
de

de langages:
Comme oyseau çà & là par le monde volans
Faisoient mesmes des Dieux mille discours volages.
Amour le dit aux Dieux, remonstrant les dommages
Qui pouuoient auenir par ces bruits insolens:
Iuppiter les appelle, & leur dit mille outrages,
Comme du Ciel sacré les secrets reuelans.
Pour cét affront ces bruits auec un sourd murmure,
Ne bruyans qu'à dessein de vanger leur iniure
Flairoiët tout, foüilloient tout, les cœurs mesmes ouurans,

*Depuis Amour ne pût paroistre
sur la terre
Que ces bruits importuns ne
luy fissent la guerre;
Et pour bien qu'il se cache ils
le vont descouurans.*

Quand cét orage fut vn peu accoisé, Vallias commença à se mieux porter, & parce qu'il n'auoit dans la teste que son Amour pour Medonte, il ne pouuoit plus souffrir la gesne de la contrainte, n'y cacher d'auantage ce grand feu qui le deuoroit. Il se declare Amāt de cette fille, & dit à son Beau-frere Dom Sans en la presence de sa Sœur qu'il auoit

auoit dessein de l'espouser. L'extreme disproportion qui estoit entre leurs maisons & leurs biens fit que l'vn & l'autre improuuerent cette alliance, & ne purent quelques raisons qu'alleguast le Marquis, y donner leur consentement. Principalement Laure s'y opposoit, non tant pour se voir oster vne plume de l'aisle, & arracher vne de ses brebis d'entre ses bras, que pour ne donner aucune occasion aux mesdisans de renouueller leurs murmures, & faire soupçonner quelque chose de sinistre sur ce qui s'estoit pasé en Strophe quand on verroit.

Vallias marié à vne de ces Beates. Car le monde maling & qui n'a des yeux qu'en la teste, outre qu'il prend tousjours les choses au pis & du plus mauuais biais, sans s'enquerir si cette fille auroit fait vœu ou non, ne manqueroit d'en parler aussi hardiment que d'vne Religieuse qui auroit quitté son Cloistre pour voler à des nopces. Ces raisons là sont foibles deuant la passion du Marquis, qui maistre absolu de ses biens, autant qu'il estoit maistrisé de son Amour, nonobstant cela veut passer outre, mesme estant asseuré de la bonne volonté

lonté de la fille qui n'estoit pas si ennemie de son bien ny si attachée à son habit de deuotion, que pour vn tel party elle ne quittast franchement son entreprise. Cette resolution toucha si fort au cœur à Laure, que dés lors elle delibera de se ietter dans vn Cloistre sans flotter d'auantage sur les ondes du siecle, où il n'y a rien de stable que la mesme instabilité. Et d'effect ayant assemblé son chaste troupeau, elle leur dit son intention affin qu'elles fissent (comme Gedeon disoit à ses soldats) ce qu'elles luy verroient faire, & qu'elles sui-
uissent

nissent ses traces à sortir du Monde comme elles auoient imité son exemple tandis qu'elle y auoit vescu, sinon que celles qui n'auroient pas assez de courage songeassent à leur retraitte, & à escrire à leurs parens, affin qu'ils les vinssent querir. Plusieurs se ioignirent à elle, d'autres saignerent du nez, & comme la femme de Loth tournerent la teste vers leurs espaules. De Medonte il n'en falloit pas parler, car elle estoit engagée de parole au Marquis ; ny d'Aimable qui auoit tourné ses yeux vers Atanagil. Olympe, Laodice & les vieilles se

iette

ietterent aux pieds de Laure, & la prierét d'eſtre touſiours leur Mere, & de les mettre ſous ſes aiſles à labry dans le port de la ſainte Religion, ce qu'elle leur promit. Que fera Chryſoteme? Qu'vn eſprit ſuſpendu entre le bien & le mal, entre Dieu & le Monde, entre la chair & l'eſprit endure de douleur quand il faut quitter l'vn de ces Maiſtres pour ſe donner entierement à l'autre! L'ypocrite qu'elle eſt, elle prend le bon party en apparence, mais comme vn Iudas en baiſant, elle braſſe vne trahiſon. Elle proteſta de la langue de mourir

aux

aux pieds de Laure, mais elle penſoit bien le contraire en ſon cœur. Cette determination de Laure n'eſt pas pluſtoſt ſceüe d'Appollodore, que plus paſſionné que iamais des vertus & des beautez de cette Beate, il ſe reſout de iouër à quitte ou à double, & d'empeſcher cét effect qui ruinoit de fonds en comble toutes ſes eſperances. Il ſçait qu'il eſt plus aiſé de l'empeſcher d'entrer dans vn Cloiſtre que de l'en retirer, ſi vne fois elle y eſt entrée. Il remuë le Ciel & la terre pour trauerſer cette œuure de Dieu: mais c'eſt en vain que les hommes s'éfor s'éforcent de contrarier ce que la Prouidence a arresté. qu'est-ce des humains deuant Dieu, dit l'Escriture, sinon des vapeurs qui se dissipent au moindre souffle. Il tire à sa cordelle tous ceux que Dom Sans auoit amenez auecque soy; & Dom Sans mesme soit par despit qu'il eust contre son beau Frere & sa belle Sœur, soit par pitié d'Appollodore consent au dessein qu'il a d'enleuer Laure, & de la contraindre à estre sa femme. Les mauuaises entreprises ne manquent iamais de complices & de fauteurs. Chrysoteme pour complaire à Dom Sans,

Sans, duquel elle se desiroit plus approcher que d'vn Cloistre, & pour obliger Appollodore à la supporter, consent à cette trahison. Laure prend son temps, & faict ses apprests pour aller à Sarragoce se ietter dans vn Monastere de filles de l'Ordre de S. Dominique, auquel elle auoit vne particuliere deuotion. Olympe, Laodice, Iphianasse, Nise, Megathime se preparent pour l'y accompagner, & se ranger auec elle au seruice du sainct Autel. Chrysoteme qui en auoit le moins d'enuie, pour mieux cacher sa trahison faict plus l'empeschée

& la

& la dégouſtée du monde qu'aucune autre ; mais bien toſt le maſque ſe leuera ; la beauté empruntée du fard eſt de peu de durée. Appollodore qui ne paroit point, & eſt auerty de tout, ſe diſpoſe de ſon coſté auec vne bande de Braues pour enleuer en Bandoulier cette carauane ſacrée. Mais il luy en artiuera comme quelquefois aux Corſaires, qui voulans prendre ſont pris, ou qui voyent par les vêts diſſiper leurs entrepriſes. Atanagil qui a l'image d'Olympe ſans ceſſe deuant les yeux, & qui l'aimant paſſionnément ne manque point de ſçauoir

sçauoir sous main de ses nouuelles ; sçachant qu'elle alloit auecque Laure se ietter dans vn Cloistre, se dispose à l'en empescher ; & sçachant que la raison ny les prieres ne feroient rien sur ce cœur qui auoit tousiours dédaigné ses affections, il pense à obtenir par force ce qu'il desespere d'auoir par Amour, se promettant d'espouser le tout par vn Mariage qui repareroit toutes les fautes. Il amasse des Braues, & sans sçauoir rien du dessein d'Appollodore qu'il croyoit estre bien loin, ayant appris que Dom Sans ne l'auoit pas en sa compagnie, il
se

se resout d'attendre cette brigade sur le grand chemin de Iaca à Sarragoce, & de faire son Rapt dans ces grandes landes qui sont autour du Bourg d'Yeruas. Appollodore auoit deliberé de faire le sien non loin de là, dans vne longue forests de Rouures (qui sont des chesnes verds en tout temps comme des Lauriers) plus proche de la maison du Marquis. Dom Sans consentant de tout cecy auec Appollodore, pour témoigner le contraire demeura auprès de Vallias encore conualescent, & se contenta de cõduire Laure auecque

que sa carrauane iusqu'à la porte du Chasteau. S'il y eut des larmes iettées, elles furét feintes ; car Vallias passionné de Medonte estoit bien aise de se voir déchargé de cette Sœur qui controlloit son desir : Dom Sans aussi qui sçauoit qu'elle n'iroit gueres loin sans tomber entre les mains de son parent, luy dit vn Adieu au plus loin de sa pensée. Laure estoit si aise de quitter le monde, & d'oublier son peuple, & la maison de son Pere pour entrer en celle du Seigneur ; & y viure en iustice, en saincteté, & en seureté deuant luy tous les iours

iours de sa vie que si la tendreté du sens luy tiroit quelque larme de l'œil, c'estoit sans le consentement de son ame. Chrysoteme seule ne disoit pas ce qu'elle pensoit; mais comme la peur est l'ombre inseparable de ceux qui font mal, elle ne se pouuoit empescher de fremir de crainte que ce qui estoit tramé ne reüssist selon son desir. Plusieurs seruiteurs de la maison, & quelques Gentilshommes du voisinage accōpagnerent cette troupe de Beates qui s'en alloient au lieu qu'elles auoient choisi pour leur repos le reste de leurs iours.

Mais

Mais ils ne furent pas pluſtoſt auancez dás la foreſt qu'Appollodore qui auoit des ſentinelles au guet, s'eſtant maſqué auec ceux de ſa troupe qui pouuoient eſtre connus; vint fondre comme vn tourbillon ſur cette timide troupe, où il fit le meſme eſcart que feroit vn oiſeau de proye dans vne volée de canards qui nagent en la ſurface d'vn eſtang. Les hommes qui n'eſtoient là que pour accompagner ces filles, & non diſpoſez à combattre, croyans eſtre tombez entre les mains de quelques Bandouliers deſcendus des Pyrenées, cherchent cherent leur salut dans les iambes de leurs cheuaux & en la pointe de leurs esperons. Appollodore qui ne demandoit que Laure, se saisit d'elle; & ayant leué le masque se fit connoistre pour celuy qui auoit eu recours à la force pour obtenir ce que les seruices n'auoiēt pû gaigner. En cette extremité tant s'en faut que Laure témoignast de la peur, qu'au contraire tout ainsi qu'vn Laurier qui se mocque des foudres & de la tempeste, elle dit des outrages à Appollodore plus grands que si elle eust esté la plus forte dans le Chasteau de son Frere.

N

L'Amour fit tout endurer à Appollodore, n'est-ce pas de merueille si celuy-là estoit sourd qui estoit si aueuglé de sa passion? Chrysoteme qui rioit en son cœur, faisoit la desesperée en apparence, disoit des iniures à Appollodore, embrassoit les pieds de Laure, & protestoit de ne la vouloir point abandonner. Cependant pour ne perdre point le temps, Appollodore faict toucher les mules de Laure & de Chrysoteme, mais Olympe & Laodice pleines de courage se mirent à la suiure, ce qu'il souffrit: pour les vieilles elles demeurerent dãs
les

les bois, qu'elles emplirent de cris & de vacarme : où il y auoit tant de seruiteurs il n'estoit pas besoin de seruantes. Les fuyards mirent l'alarme par tout où ils passerent ; qui alla au Chasteau du Marquis sans regarder derrier soy, qui courut du costé d'Yeruas, qui s'enfonça dans la forest, qui prit le large de la cãpagne, & tous qui deçà qui delà, comme les renards de Sanson mirent le feu & le bruit par tout. Le tocsin sonne en diuers lieux: au premier auis de l'enleuement de la Sœur du Marquis qui estoit fort aimé & honnoré en la cõtrée, chacun

court aux armes. Mais Appollodore se doutant de cela s'escarte des grāds chemins, gaigne les lieux retirés, fait brosser à trauers les cháps, & cōme si par la Prouidéce du Ciel il fust venu chercher le chastiment de sa faute, vint donner dans les landes d'Yeruas. Atanagil qui y estoit en embuscade auecque ses Braues, auoit des gens au guet, & dās la bourgade d'Yeruas & sur les chemins, qui luy r'apporterent aussi-tost les nouuelles de l'enleuement de Laure, d'Olympe, & de Laodice; cela le mit au trouble que vous pouuez penser: cōme il estoit
irreso

irresolu de ce qu'il deuoit faire, on découurit la troupe des Rauisseurs qui venoit à trauers des landes pour éuiter la rencontre des passans. Atanagil les fit reconnoistre par vn valet de pied. surquoy se resoluant de dôner, & de mourir sur le champ plustost que de laisser emmener Olympe, il se met à la teste de sa troupe, & vint attaquer ces fuyards. Si Appollodore fut estonné, il ne le faut pas demander : car pensant estre desia entre les mains de la Iustice, il se resoluoit de mourir plustost glorieusement l'espée à la main que honteusement sur vn eschaffaut. La meslée alloit estre sanglante s'ils ne se fussent reconnus. cette reconnoissance ne fit que redoubler la fureur d'Atanagil, qui desireux d'vn costé d'auoir sa Dame, & de l'autre de se vanger d'Appollodore qui auoit esté cause de la mort de Strophe en descouurant sa tromperie, alloit en cette humeur mettre tout au fil de l'espée : mais c'est peu de chose que du courage sans le iugement, quand les forces manquent, c'est temerité que de se precipiter en vn combat dont on ne puisse sortir à son honneur ; il ne se treuua

treuua pas si bien accompagné qu'Appollodore : c'est pourquoy apres quelques brauades à l'Espagnole, & quelques passades sans se ioindre, ils vindrent à vn pourparlé où ils tomberent aussi-tost d'accord, veu que leurs pretensions estoient differentes. Olympe demeura à Atanagil, & Laure auecque Laodice à Appollodore, remettant à vne autre fois à decider leur different sur le faict de Strophe. voila comme les loups s'accordent pour deuorer les simples brebis. Si ma plume ou ce discours se pouuoit partager, vne partie sui-

uroit l'auanture d'Olympe, l'autre pourſuiuroit celle de Laure: mais puis que nous ne pouuons faire deux choſes à la fois, il ſera plus à propos que nous terminions en peu de lignes celle d'Olympe & d'Atanagil, qui n'eſt que d'acceſſoire pour fondre par apres ſur la principale qui eſt celle d'Appollodore. Atanagil tranſporté de ioye de ſe voir en la libre poſſeſſion de ce qu'il eſtimoit plus que ſa vie; & ayant auant ſon coup bien pourueu à ſa retraitte dans la maiſon d'vn de ſes amis caché dans vn recoin des Pyrenées, y mena promp-
ptement

ptement sa chere proye pour en faire curée. là quoy qu'elle prist les cieux, les arbres, & les rochers à témoins de la violence qui luy estoit faite ; ce Gentilhomme s'excusant sur l'incomparable force de son Amour qui l'auoit pressé de recourir à ce remede, elle fut contrainte de se rendre à ses importunitez sous la parole d'Hymenée. Mais comme il n'est point de si beau iour qui n'ait sa nuict ; ce beau temps qui couronnoit le cœur d'Atanagil de plus de ioye que le Soleil ne l'est de rayons, fut obscurcy par vn nuage qui troubla sa serenité. Car tandis qu'il rend le Ciel ialoux, & la terre enuieuse des faueurs qu'il tire d'Olympe, & qu'il ne laisse riuage ny bois qui ne soit spectateur de ses larcins, lors que le courage de cette fille tout à fait gaigné par ses caresses, luy sembloit rendre volontairement ce qui au commencement auoit esté forcé, & que l'Amour l'inuitant à la pitié & au pardon luy arrachoit de l'ame le desir de vengeance & la haine, voila qu'vn de ceux qui l'auoient assisté en cét exploit, deuint touché des beautez, ou pluſtoſt des artifices d'Aimable, laquelle eſtant du voisinage

sinage de Iaca s'estoit retirée dans la Cité sous pretexte de deuotion: mais en effect pour tascher d'attirer à soy Atanagil, ou au moins pour repaistre ses yeux de cét object qui luy semble le plus agreable qu'elle eust veu entre les hómes. L'Amour ouurant le cœur découure aussi-tost les secrets (comme il est euident en l'Histoire de Sanson & de Dalila.) vn iour que sans faire semblant d'y auoir interest, elle luy demandoit des nouuelles d'Atanagil, il luy en apprit plus qu'elle n'en vouloit, luy racontant de point en point tout ce qui s'estoit passé en la prise d'Olympe, & comme il en iouissoit comme de sa femme en la maison d'vn de ses amis qu'il luy nomma. Cette fille desesperée & amoureuse, & qui d'ailleurs comme fille eust plustost gardé vn charbon vif sur sa langue qu'vn secret, publia aussi-tost tout ce mystere ; qui paruint aux oreilles des parens d'Olympe & de la Iustice, laquelle enuironnant vn soir à main armée la maison où estoit Atanagil auecque la belle Olympe, il fut faict prisonnier lors qu'il pensoit estre au comble de ses contentemens. La noueauté

ueauté & l'admiration de ces deux rauiſſemens qui auoiēt alarmé toute la contrée, eſmeurent diuerſement le peuple, qui s'amaſſa pour le voir paſſer par les ruës de la Cité, au trauers deſquelles il fut mené en priſon, & la triſte fille deſia femme à ſon grand regret renduë à ſes parens. Le crime eſtant mortel ſelon les loix, il deuoit mourir; l'auis commun fut tel, l'approbation generale, la condamnation conforme aux ordonnances, le procez court. On prepara l'échaffaut, Atanagil ſe diſpoſe à la mort, & faict voir à ceux qui prennent la

char

charge d'y preparer son ame, qu'il a dás vne ame de Chrestien vn courage de Cheualier. Le Gouuerneur du fort de Iaca Croisé d'Alcantara, comme estoit Atanagil ayant pitié de son confrere interposant son auctorité assembla les communs parens; & ayant adoucy ceux de la fille leur dissuada la honte de la mort d'Atanagil, qui laissoit vne tache deshonnorable en Olympe, laquelle demeureroit le reste de ses iours sans estre pourueüe, & en leur representát ses biens, sa race, sa ieunesse, la violence de son amour, la gloire de luy auoir

auoir donné la vie, & l'honneur de cette alliáce, de deux maux ils choisirent le moindre; & ayans plus d'égard à loger la fille & à reparer leur honneur par ce moyen plus doux que par vne seuere, quoy que iuste, vengeance, ils changerent en habits nuptiaux le dueil qui se preparoit des-jà pour la mort d'Atanagil. Olympe y contribua ses larmes, & ayma mieux le reclamer comme espoux, que le laisser honteusement perir comme son rauisseur. Ainsi l'échaffaut fut changé en vn lict, où Olympe fut deliurée à Atanagil en vn legitime mariage. Voila Aimable biẽ deceuë, car au lieu qu'elle penſoit repaiſtre ſes yeux courroucez, du ſang de celuy qui l'auoit touſiours meſpriſée, elle le voit entre les bras de ſa riuale, moins ſoucieux d'elle que jamais. Voyez quels ſont les effets de la grace de cette fille, à qui l'eſpoir de poſſeder Atanagil, auoit leué la deuotion de l'eſprit; ſe voyant fruſtrée de ceſte attente, meſpriſant celuy qui languiſſoit pour elle, & qui s'eſtoit mis en fuitte à la nouuelle de la priſe d'Atanagil, ſe determina d'eſtre Religieuſe; & de faict entra dans

dans vn Cloiſtre quelque temps apres. où elle a ſainctement veſcu. Mais il eſt temps que nous ſçachions ce que deuint Laure apres ceſte rencontre, en vain elle implora l'ayde d'Atanagil pour la tirer des mains d'Appollodore; au cōtraire elle receut de luy, de ſāglantes reproches ſur la mort de Strophe, dont il la diſoit coulpable & juſtement punie; & voila dit-il comme Dieu me vange de mes ennemis par mes propres ennemis. Ceſte eſperance de ſalut paſſée comme vn éclair, Laure demeura dans l'eſtat de ceux qui n'ont point d'autre attente

te que leur perte. De logemēt à autre le furieux Appollodore la preſſoit de ſatisfaire à l'impetuoſité de ſes deſirs, proteſtant de la prendre pour ſa femme deuant tous ceux qui l'accompagnoient, par paroles de preſēt. Laure auoit beau alleguer ſon vœu, l'autre alleguoit ſon feu, qu'il diſoit eſtre plus vehement, & capable de conſommer l'autre. En fin ſe voyant reduitte aux extremitez, & ſur le point de perdre ce qu'elle auoit ſi jalouſement & fainctement cōſerué toute ſa vie; elle crût qu'il falloit vſer de ruze, où la reſiſtance ne pouuoit auoir
de

de lieu. Voyant donc que ses oppositions quoy que justes & legitimes estoient autant d'aiguillons au desir enragé de ce Corsaire, elle feignit de se rendre à sa volonté, le conjurant seulement par la grande Amour qu'il se disoit auoir pour elle, de differer sa joüissance, iusques à ce que leurs nopces se puissent faire auec hôneur, en la face de la Saincte Eglise, luy promettant de luy donner les paroles de futur en presence d'vn Prestre, & de ceux qu'il y voudroit appeller. Appollodore qui n'auoit iamais eu vne bonne parole de ceste bouche, la crût comme

comme vn Oracle de verité; & se trouua si rauy de ce rayon de douceur, que s'abattant à ses pieds, & puis luy baisant la main (ce que Laure souffrit sans beaucoup de peine) il luy jura de ne respirer que son contentement, & pourueu qu'elle voulust estre à luy, que de Lyon il deuiendroit vn Agneau. Voila desia vn bon commencemét pour la bonne tromperie qu'auoit nostre Beate: car si cette fraude est appellée bonne par les faiseurs de loix qui visent au profit des trompez, celle-la ne doit-elle pas estre appellée Iuste, qui trompe les trompeurs

peurs mesmes ; qu'importe-t'il comment en guerre l'on surmonte son ennemy par force ouuerte ou par stratageme, & quel plus cruel ennemy que celuy qui veut rauir l'honneur ? Mais tandis qu'elle brassera sa trame pour le recouurement de sa liberté, allons voir ce que faict Vallias dans son Chasteau sur le recit de cette nouuelle. Dom Sans qui le voit en vne peine incroyable faict de sa part l'estonné; & parce que ceux qui auoiét faict le Rapt estoient masquez, ceux qui en firent le rapport ne pouuoient les nommer: mais Vallias

lias qui sçauoit par le recit de sa Sœur les passions qu'Appollodore auoit pour elle, deuina aussi tost que ce seroit luy qui auroit faict cest attentat, duquel il se promettoit vne celebre vengeance. Dom Sans taschoit de luy oster ceste creance de l'esprit, l'asseurant de l'honnesteté de ce Gentil'homme qui estoit son parent; mais de peur de se descouurir soy-mesme estre de la menée, en entreprenant trop ouuertemēt sa defence, il proteste s'il a esté si ozé, d'en faire de sa main vne punition exemplaire. En quelque fougue que fust le Marquis, sa langueur

langueur ne luy permettoit pas de monter à cheual pour courir apres ces Brigads, qui enleuoient ainſi auec ſa Sœur l'honneur de ſa maiſon. Dom Sás s'offre de faire ceſte pourſuitte, & prenant congé de luy, le laiſſe dans les inquietudes que vous pouuez imaginer. Vallias fait ſonner le tocſin par toute la contrée, & aſſembler la Hermandad, qui eſt vne certaine milice qu'ils ont en Eſpagne, pour courir promptement contre les Voleurs & les Meurtriers, & qui a quelque rapport auecque les Archers de nos Preuoſts des Mareſchaux. Mais ceſte

leuée

leuée se fit en vain, parce que la proye estoit desia en vi.. remise bien esloignée de leur chasse. Dom Sans qui sçauoit le rendez-vous, où il desiroit voir sa Chrysoteme auecque plus de liberté qu'il n'auoit encor faict, s'y en va en diligence: mais Dieu preuint sa mauuaistie, tirant la chaste Susanne des mains de ses aduersaires; ce qui auint de ceste façõ. Appollodore impatient de fiancer Laure, & de l'engager par vne parole irreuocable, à la premiere bourgade qu'ils rencontrerent demanda à parler au Curé du lieu; & luy ayant faict croire qu'il qu'il auoit esté contrainct de retirer d'entre les mains d'vn Frere qui la tirannisoit, vne fille pour laquelle il auoit de l'affection & qui le desiroit espouser, il le supplioit de receuoir en ses mains leurs paroles de futur, en attendant que par celles de present ils peussent solemniser leurs nopces en la face de l'Eglise. Le Prestre qui estoit iudicieux, & qui sçauoit combien ces rencontres sont suspectes & perilleuses, ne luy voulut rien promettre qu'il n'eust ouy la fille, & qu'il ne fust bien informé de la verité du faict. Appollodore va treuuer Laure, & l'ayant embouchée affin de n'estre trouués en deux paroles; cette fille voyant là vne porte qui s'ouuroit pour sa liberté feignit de s'y accorder, pourueu qu'il luy permist de se confesser auparauant, affin d'accoiser le trouble de son esprit en se mettát bien auecque Dieu. ce qu'Appollodore treuua aussi bon que la demande estoit sainte. Ils viennent à l'Eglise, où Laure ayát dit au Curé qu'elle desiroit receuoir le benefice de l'absolution auant que passer outre, quand il furent au tribunal où le secret est inuiolable, elle luy raconta toute l'Histoire

stoire de sa disgrace comme nous l'auons representée, & coniura ce Pasteur de luy aider à sortir de la gorge de ce loup rauissant qui l'entrainoit malgré elle. Ce bon Ecclesiastique armé d'vn sainct zele, se resolut aussi-tost de mettre sa vie au hazard pour sauuer cette oüaille; & embrasé de cette sainte ialousie de Dieu qui estoit dans le cœur de l'Apostre pour la conseruation de l'integrité des Vierges espouses de IESVS-CHRIST, il l'exhorta à ne craindre rien, mais de fortifier son courage contre la peur, de se comporter genereusement en cette occurrence & d'attendre vn prompt secours du Ciel. Ie m'en vay, dit-il, faire semblant de me preparer pour dire la Sainte Messe affin de vous y communier, & cependant ie commanderay à mon Clerc (qu'ils appellent en Espagne Licentié ou Sacristain) de sonner au feu : tout le monde accourra icy pour sçauoir où c'est ; & alors ie feray prendre celuy qui vous a prise, & le mettray en estat de se deffendre ou de s'enfuir plustost que d'attaquer. Comme il le dit, il fut faict, & Appallodore (Dieu sans doute le permettât ainsi) ne ne se deffiant de rien eut toute la patience que l'on desira, & croyant que le Sacristain allast sonner la Messe, le laissa faire: mais il fut bien estonné quand il vid de toutes parts accourir le peuple en grande foule, auquel le Curé ayant representé le vray sujet de l'alarme, & faict entrer Laure & Laodice dans la Sacristie dõt il tira la porte & la serra à la clef ; ce fut à Appollodore de penser à sa conscience, & de chercher son salut dans sa valeur ; nonobstant la reuerence du lieu sacré il met la main à l'espée, & se faisant vne large voye parmy ce peuple desarmé, il gaigna la porte enfonçant ceux qui se voulurent opposer à sa fuitte. Ses Braues dont il en auoit laissé vne partie à l'hostellerie, croyans que ce fust la Hermandad qu'ils redoutent en la façon que les voleurs font les Preuosts, gaignerét les cháps de peur d'estre punis comme complices: ceux qui se treuuerent auecque luy, combattirent comme des gens desesperez, & qui se veulent tirer du peril où ils se voyent engagez. Ces espées nuës dans vn peuple non armé & facile à espouuanter, leur seruirent alors de clefs des champs, où ils

ils s'escarterent auecque la rage que vous pouuez imaginer dans le cœur d'Appollodore. Cependant Laure estoit dans la Sacristie comme vne autre Cassandre leuant les mains au Ciel & priant chaudemét Dieu qu'il la deliurast de cette tempeste des mains de ses ennemis, & de la gueule de ces Lyons preparez à la proye : comme elle estoit fort deuote à nostre Dame, elle fit vn vœu à la sainte maison de Lorette, croyant que Dieu la d'eust faire transporter de là par les mains des Anges cóme il a faict cette sainte chambre de Nazareth en Esclauonie, & de là en la Marche d'Ancone à trauers la mer Adriatique. Mais Dieu qui ne fait point les miracles sans neceſſité, ſe cõtenta de la faire ſauuer de cét orage par ſes Anges viſibles qui ſont les Preſtres, leſquels voyans Appollodore hors de l'Egliſe la firent auſſi-toſt fermer, & s'y eſtans rendus les plus forts, attendirent que le tumulte fuſt accoiſé. Quand on ſceut que les Rauiſſeurs eſtoient hors de la Bourgade, le Curé entra dãs la Sacriſtie, où il treuua les deux Vierges en priere qui ſe ietterent incontinent à ſes pieds. Il leur raconta comme me tout s'estoit passé sur le faict de leur deliurance, dequoy elles loüerent Dieu, & le remercierent en l'adorant au sainct Autel. I'oubliois à dire que la fausse Chrysoteme durant cette alarme plus morte que viue s'estoit glissée, comme vne autre Helene au sac de Troye, au coin d'vne Chappelle auecque les frayeurs que vous pouuez imaginer en vne ame feminine & criminelle. Laure qui ne la voyoit point la demanda, elle fut cherchée & treuuée si tremblante que l'on pensoit qu'elle allast expirer : mais ie ne sçay quelle des deux pas-

O 5

sions du regret de voir sa trame rompuë, ou de la peur d'estre descouuerte, la tourmentoit d'auantage, neantmoins comme elle estoit industrieuse à feindre, elle fit semblant de se resioüir d'vne deliurance qui luy estoit plus desagreable qu'aucune prison. Laure dépescha aussi-tost vers le Marquis son Frere pour l'auertir du lieu où elle estoit, & de la façon dont elle auoit miraculeusement recouuré sa liberté, luy demandant secours en cette necessité pressante. Si Vallias fut consolé de cette nouuelle, demandez-le à celuy qui voit son honneur

neur sauué sur le point qu'il est de le perdre. Il luy enuoya vne grande escorte pour la r'amener au Chasteau si elle y vouloit retourner, ou pour la conduire à Sarragoce si elle vouloit continuer son chemin. Les gens de la bourgade exhortez par leur Pasteur, luy offrirent leur seruice pour l'accompagner auecque seureté où elle voudroit se rendre : Iphianasse, Nise, & Megathime ses vieilles seruantes qui estoient retournées chez le Marquis, la vindrent treuuer : auecque tout ce train, elle se resolut de gaigner Sarragoce, mourant d'vne sainte impatience de se voir dans l'asyle d'vn Cloistre. Mais il est malaisé de conduire seurement ses affaires quand on a des traistres auecque soy; pour forte que soit vne ville elle est tousiours prenable tât qu'il y a des intelligences au dedans. Dom Sans estant arriué au rendez-vous où Appollodore vint à vuide & outré de douleur, & ayant appris de ce desesperé le lieu où il auoit esté contrainct de laisser Laure pour songer à sa seureté, se resout d'y aller ; & par le moyen de Chrysoteme de remettre encore vne fois Laure entre les mains de ce Gentil-

Gentilhomme. Appollodore ramasse ses Braues le mieux qu'il pût, prend vne nouuelle escorte, & suiuant Dom Sans de loin se met sur ses brisées. Dō Sás arriua en la bourgade où estoit Laure, & faisant fort l'empesché, & le courroucé de l'outrecuidance de son parét qui auoit esté si temeraire que de se saisir d'elle, s'offre de l'en punir & de l'accōpagner: pour cettuy-cy, respond Laure, ie le reçoy de bon cœur, sçachant combien vostre assistance me sera vtile pour me rendre à Sarragoce : pour l'autre, ie vous supplie de ne vous en mettre point en peine ; car
luy

luy ayant pardonné deuant Dieu de bon cœur, ie ne desire point qu'il en soit recherché, ny que personne venge l'injure que ie luy ay remise. Auecque ce discours ils se mirent au chemin, où Dom Sans renoüant sa cabale auecque Chrysoteme, & tenans sous main Appollodore qui les suiuoit de traitte en traitte; auerty de tout, ils resolurent de faire encore vne fois tomber Laure és mains de son Amant à la premiere occasion. A quelques lieuës de Sarragoce se trouue vne vaste Forest de Rouures, où pour marque des brigádages ordinaires

naires qui s'y exercét, on voit vne grande quátité de quartiers d'hommes executez par la Iustice, qui sont suspendus aux arbres; là fit-on dessein de surprendre l'innocente. Mais celuy qui ne dort iamais en gardant Israël, y donnera si bon ordre que les malings tomberont dans la fosse, & dans les pieges qu'ils preparent aux Iustes. Bien qu'ils fussent vne petite armée à la conduitte de Laure, neantmoins il falloit peu d'effort pour les mettre en desordre, veu mesme que Dom Sás qui en estoit le Chef, estoit d'accord auecque ses ennemis.

Appol

Appollodore gaignant le devant, se mit aux embusches dans le plus espais du bois, mettant des espions sur les auenuës. Les chemins des Forests sont enuiron comme ceux des montagnes, il y faut passer à la file, on n'y peut aller en gros. Appollodore mit son embuscade à dessein en vn lieu où necessairement il se falloit rédre à celuy qui auoit le premier les armes à la main. Mais il arriua par ie ne sçay quel mal'heureux bon-heur que par les chemins Laodice se treuua mal, & Laure qui en auoit vn grád soin ne la voulant pas presser, la chandelle
du

du iour s'vfa, & la nuict les furprit à l'entrée de la foreft. Apres plufieurs cõfultations s'ils pafferoient, Dom Sans qui vouloit faire donner la proye dans les toiles, & qui eftimoit qu'à la faueur des ombres le ftratageme d'Appollodore reüffiroit mieux, fut d'auis de paffer. Nous fommes, dit-il, vne petite armée, que craignons-nous les fueilles des arbres? il n'y a point de voleurs qui ofaffent attaquer vne telle troupe; & puis nous portons le Laurier de Cefar, & fon bon-heur; il acheua ce mot en regardant Laure. laquelle non moins

heu

heureuse, mais moins asseurée qu'vn Cesar trembloit comme vne timide Colombelle qui redoute les serres du Gerfaut ; sa premiere prise luy en faict apprehender vne seconde ; & par ie ne sçay quel instinct ou inspiration de son bon Ange, elle est saisie d'vne peur extraordinaire qui ne luy presage rien de bon. L'on dict que les Cheuaux retirez de la gorge du Loup sont tousiours ombrageux, n'a t'elle pas raison de l'estre, en ayāt esté arrachée de si fraische datte : neantmoins en se confiant au Dieu des armées, & luy recommandant son integrité

grité, elle se laissa aller contre son sentiment à l'auis de celuy qui la trahissoit. Laodice luy dissuadoit de passer, mais Chrysoteme luy reprochoit qu'elle auoit peu de courage de s'arrester aux paroles de ceste fille malade. Quand ils furent arriuez au destroict, Appollodore parût côme vn éclair qui va quant & la foudre; pas vn ne se mit en deffence, car il estoit impossible en vn lieu où l'on ne pouuoit n'y reculer n'y auancer. Dom Sans fit semblant de se vouloir deffendre mettant l'espée à la main, iurant, menaçant, & iniuriant Appollodore; mais

mais tout cela estant feint, il y eut assez de bruit & peu d'effect, beaucoup de fumée peu de feu; Appollodore menaçât de foudroyer le premier qui bransleroit, fit filer la Carrauane iusques en vn lieu plus large, où il eust moyen d'enleuer Laure, & de s'enfoncer dans la forest auecque cette chere proye. Mais cette fille inspirée de Dieu à la faueur des ombres se coula doucement de dessus sa Mule, & se glissant dans le plus espais du bois treuua apres auoir assez cheminé à la mercy des ronces & de leurs esgratigneures vn vieux Rouure creux & rongé

rongé d'années, dedãs lequel elle s'enferma comme dans vne boëtte ou pluſtoſt comme dans vn aſyle ſacré. Quãd ils furent en lieu où Appollodore vouloit faire ſon butin, Dom Sans mettant la main aux armes proteſta qu'il auroit pluſtoſt ſa vie que ſa belle Sœur; à qui Appollodore, contente-toy, luy dit-il Dom Sans que ie te la laiſſe ſauue, & te ſouuient que l'ardeur d'vn Amant eſt vn torrent de feu capable de te deuorer plus facilement que ne feroit vne grande flamme le plus ſec bois de cette foreſt. Si tu m'eſchauffe d'auantage, tu receuras

ceuras promptemét le salaire de ta temerité; disát cela, prenát Laodice par la main, Madame Laure, luy dit-il, vo9 ne me trõperez-pas cette seconde fois, car ie ne me fieray pl9 à vos artifices. Vous voyez que le Ciel qui combat pour moy, veut que vous soyez mienne; ne faites donc point de difficulté de me suiure, ou ie seray cõtrainct d'vser d'vne force cõtraire à l'Amour & à la reuerence que ie vous veux porter. Seigneur, dit Laodice, vous me prenés pour celle dõt ie ne suis que l'hũble seruáte, c'est à vne autre sainte que s'addressent vos vœux. L'embarras

barras eſtoit ſi grand en ceſte file de môde, que Chryſoteme ſe trouua derriere, & puis les autres vieilles ſeruátes; à la fin on trouua la Mule de Laure qui ne la portoit plus. Appollodore la cherche, & ne la trouue point; on juge bien qu'elle s'eſt jettée dás le bois; mais quand elle s'eſt eſcoulée on n'en ſçait rié. L'Amant furieux plus forcené qu'vne Tygreſſe de qui on a enleué la littée, tempeſte, crie, menace, jure; deteſte, veut tout mettre au fil de l'eſpée, & dit tout de bõ des iniures à Dom Sans, croyant qu'il eut laiſsé Laure à la prochaine Bourgade, de, & luy eust ioüé d'vne trôperie. Dom Sans croit qu'il se mocque, & luy respond en termes ambigus qui enfonçent plus auant ceste creance dás son esprit. Les voila prests de venir aux mains sur ceste mes-intelligence, & d'effect de parole à autre ils y viennent : en ces occurrences les premiers coups attirent les seconds ; & de là naist vne dure meslée : les blesseures que se firent les deux traistres furent legeres, parce que le lieu n'estoit pas propre pour se battre à l'aise ; les Braues sont pour Appollodore, ceux de la côduitte de Laure pour Dom Sans,

Sans, qui voyant que c'eſtoit à bon eſcient, & qu'il falloit diſputer ſa vie, ſe met à chamailler rudement ; les filles font des clameurs horribles qui font mille Ecos dans la foreſt ; deux ou trois furent tuez, pluſieurs blecez, tout en confuſion & en deſordre. Le ſexe imbecille coule à bas, & ſe iette dans les broſſailles pour s'y cacher à la façon des perdrix pourſuiuies du tiercelet ; les gens de pied ont le plus d'auantage, ils s'entrebattent tous ſans ſe reconnoiſtre à la façon des Andabates, les tenebres de la nuict leur font vn aueuglement qui redouble celuy de la colere ; les plus sages s'euadent voyans qu'il n'y auoit point de sujet de s'entregorger sans sçauoir ce que l'on faisoit, & en ignorant la cause de ce carnage. Apres beaucoup de tumulte & de sang il en arriua comme d'vn orage qui faict luire les esclairs & bruire les foudres, & ne laisse quád il a pleu qu'vn peu de boüe sur la terre. A la fin il se fallut separer tous estans égallement saisis de l'esprit de tournoyement, comme il arriua aux Madianites desconfis par Gedeon. La nuict se treuua si noire qu'il sembloit que ses tenebres

bres fuſſent palpables : à peine pouuoient-ils voir vn pas deuant eux. Ils coucherent tous dans cette obſcure foreſt qui deçà qui delà eſparpillez comme vne maſſe d'argent vif; les blecez ſe plaignoient & empliſſoiét l'air de hurlemens; ceux qui eſtoient tapis & cachez n'oſoiét ſouffler, les morts mordoient la terre ; on ne vit iamais vne pareille defroute. Ayans paſſé la nuict en ces agonies, la fraiſche Aurore transformée en roſée de perles comme Iuppiter en pluye d'or, comméça à humecter le ſein de la terre de ſes precieuſes goutes,

& à blanchir le Ciel du costé de l'Orient. Laure demeura iusqu'au iour dedás son Rouure immobile comme vn rocher attachée à Dieu son seul appuy & son ancre salutaire ; elle estoit là comme vne perle dedans sa nacre, & comme vne statue dedans sa niche. il sembloit qu'elle fust transformée en arbre, ou que cét arbre eust ouuert son sein expressément pour la receuoir, de mesme que la baleine receu Ionas dans ses entrailles. Appollodore qui ne croyoit pas qu'elle fust dans le bois, n'auoit garde de l'y chercher pensant auoir esté trompé, &
que

que la fausse Chrysoteme luy eust faict vne contremine. Il ramassa ses Braues comme il pût, & se retira en lieu asseuré craignant l'Hermandad de Sarragoce. Ceux qui auoient faict escorte à Laure auoient fuy toute la nuict, chacú pensant à sa seureté. Dom Sans qui ne cherchoit que Chrysotême & elle luy, fit tant en criant qu'elle l'entendit & vint à luy, & sans se soucier ny de sa belle Sœur ny du reste de la troupe, il la met en croupe, & s'en va auec elle au premier village qu'il rencontra. Le iour estant arriué, des passans qui virent trois morts

sur le chemin, en donnerent auis à la Iustice, qui fut aussitost sur les lieux; Les vieilles seruantes. Laodice & quelques blecez furent trouuez, qui deposerent ce qu'ils sçauoiét de l'affaire. Laure estoit tousiours dans son Rouure comme vn oysillon dans son nid, & quelque bruit qu'elle oüit autour de soy, jamais sa curiosité ne la porta à sçauoir ce que c'estoit, se tenant fermement entre les bras de la Prouidence. La Iustice fit cõduire en Sarragoce ceux que elle trouua, & se mit à la queste des autres : mais ce fut en vain, car ils estoient des-ja
fort

fort auancez. Et puis ceux qui fuyent pour leurs crimes ou saisis de la peur, ont tousiours des aisles aux talons, & vont biē plus viste que ceux qui les poursuiuent. Plusieurs passerent auprès du Rouure qui cachoit vn Laurier sous son escorce, mais pas vn n'apperceut le thresor caché dans cét arbre pourry. Pourquoy trēblez vo⁹ Laure, ceux qui vous cherchent maintenant ont plus d'intention de vous sauuer que de vous perdre; c'est le propre des Vierges que de trembler, comme ces Pelerins chargez d'or qui prennent l'espouuáte au moindre bruit croyans que ce soyent des voleurs : ce fut bien là qu'elle renouuella son vœu de Laurette, y en adjouſtant d'autres à Mont-ſerrat, à Noſtre Dame du Pilier de Sarragoce, & à Noſtre Dame de Gadaloupe. Des-ia le Soleil eſtoit au milieu de ſon cours, & le Midy faiſoit ſortir ſa chaleur à toutes choſes quand elle oſa comme vne tortue mettre la teſte hors de ſa coquille. elle n'entend plus rien, elle ne voit perſonne, & ſe recommandant à la garde de ſon bon Ange, elle ſe met au trauers du bois. Les Anges qui ſont les Vierges du Ciel comme me les Vierges sont les Anges de la terre, estoient sans doute à ses costez pour la preseruer de tout malheur selon qu'à chanté le diuin Psalmiste:

Aux Anges qui font ses messages
  Dieu fera ce commandement,
  Qu'en quelque part que tu vo-
    yages
  Ils te gardent soigneusement.
  Voire & de peur que d'auãture
  Ton pied ne vienne à se greuer
  Chopant contre la pierre dure,
  Leurs mains te viendront sou-
    leuer.
Tu marcheras dessus la teste
  De l'Aspic sans te faire mal,
  Et sur la venimeuse beste

DAPHNIDE,

Qui s'orgueillit du nom Royal;
Les petits faons de la Lyonne
De tes pieds seront écachez,
Et toute la rage felonne
Des dragons de venin tachez.
Celuy qui mon Amour embrasse
Et qui se plaist à m'honnorer,
Ie veux, dit la celeste grace,
Franc de tous dangers le tirer:
Ie veux constamment le def-
fendre
Puis qu'il a mon nom publié,
Et veux à ses plaintes enten-
dre
Si tost que i'en seray prié.

Elle eut peu cheminé dans la
forest quand elle apperçeut
des cheuriers qui gardás leurs
trou

troupeaux se desennuyoient au son de quelques flustes rustiques. Elle les aborde, & s'estant faict conduire en leurs cabannes, elle leur promet vn grand salaire s'ils la conduisent à Sarragoce seuremét. Ces gens de village qui feroient l'impossible pour de l'argent, luy promettent toute assistance; pour aller auecque plus de seureté elle se couurit d'vn habit d'homme, & s'estant bruny le visage du ius de quelques herbes, elle s'achemine auec eux à la Cité. où aussi-tost qu'elle fut arriuée elle reprit ses premiers habits dans l'hostellerie, & alla tout droit rendre son vœu à Nostre Dame du Pilier, qui est àmõ gré vne des plus rares deuotiõs qui soit en Espagne: veu que c'est la premiere Eglise dediée à Nostre Dame en cette contrée là par leur grand Apostre S. Iacques. De là sans autre delay craignant quelque nouueau desastre elle se fit conduire au Monastere des Sœurs de l'Ordre de S. Dominique où elle estoit attenduë, & là ayant briefuement raconté ses prodigieuses auantures, la porte luy fut soudain ouuerte, où elle se ietta comme dedans vn Paradis. Elle fit aussi-tost sçauoir aux parens

parens qu'elle auoit en cette fameuſe ville ſon arriuée, & comme à trauers tant de tempeſtes elle eſtoit paruenuë au port d'vne bien-heureuſe tranquillité. Si bien que le Marquis ſon frere troublé du ſecond vacarme dont on luy auoit porté les nouuelles, come à Iob celle de la perte de ſes enfans, fut peu de iours apres conſolé de ſçauoir que Dieu euſt pris ſa ſeruante & ſon eſpouſe en ſa protection. Les filles que la Iuſtice auoit amenées furent cōduittes au Monaſtere, & là receuës auecque Laure. Le bruit de ces eſtranges euenemens fut
auſſi

aussi-tost respandu par toute la ville, & de là par tout le Royaume. La Iustice cherche Appollodore, mais en vain: car il se retira dans les Pyrenées vaguant çà & là dans l'horreur de ces montagnes pour y attendre qu'il fist seur pour luy de retourner en sa demeure. Comme il estoit riche il pouuoit par tout viure à son aise, mais non en repos & en seureté, parce qu'il estoit amoureux & criminel. Il mit plusieurs espions en campagne pour sçauoir des nouuelles de Laure, & de ce que l'on disoit de luy; & l'entrée de celle-là dans le Cloistre estoit
vne

LIVRE III. 351
vne chose si notoire, & ce que l'on disoit de son double rauissement vn murmure si public, qu'il ne falloit pas beaucoup fureter pour sçauoir l'estat de ses affaires. Tādis qu'il traine de longs iours & d'ennuyeuses nuicts parmy les faistes de ces hauts qui seruent de remparts à l'Espagne contre la furie Françoise : estant vne fois en vne maison champestre assez ioliment aiencée parmy les ruisseaux & les fleurs, il souspira sur sa cheute & sur l'estat de sa miserable fortune cette

DOLEAN

DAPHNIDE,

DOLEANCE.

Douces eaux qui baignez ces
  fleurs,
Au lieu des chansons delecta-
  bles
Vous n'aurez de moy que des
  pleurs
Et des complaintes pitoyables;
Vn mal'heureux comme ie suis
Ne parle que de ses ennuis.
Vous n'aurez donc que des regrets
  O bord plaisant & solitaire:
Car bien que mes maux soyent
  secrets
Pourtant si ne m'en puis-je
  taire;
Celuy se soulage d'autant

LIVRE III.

Qui va ses malheurs racontãt.
O Forests qui cachez ces monts
  Dont l'horreur contente ma veuë,
A souspirer je vous semonds
Auec moy le mal qui me tuë:
C'est quelque consolation
  Quand on plaint nostre affli-
  ction.
Mes maux sont reduits en tel point
  Qu'aucun bien plus ne les sou-
  lage;
Et si mon malheur ne veut point
Que j'en espere d'auantage,
Le seul que j'attẽds desormais
C'est de n'en esperer jamais.
O secrets dans mon cœur cachez
  Sortez ie vous ouure la porte:

Si

Si vous en estes recherchez,
C'est le desespoir qui m'emporte.
Il vaut mieux estre vn peu connus.
Qu'à mon dam par trop retenus.
Si mon dessein fut perilleux,
Double en eust esté la victoire:
Si le pas en fut chatoüilleux
I'en esperois beaucoup de gloire.
Il est bien meilleur de mourir
Que viure & jamais ne guerir.
Puis donc que pour aimer il faut
Que nous souffrions des peines telles:
O mon cœur en volant si haut

Les cheutes sont tousiours mor-
telles,
Ne t'en estonne nullement,
La cause est digne de tourment.
Il ne fut aimant bassement
Que souffrir bien peu de mar-
tyre:
Mais quand pour aimer hau-
tement
Vn diuin sujet nous attire,
Egalons sa perfection
En courage & affection.

Le téps en fin qui rameine toutes choses à leur point, & qui guerit les plus grádes maladies & assoupit la memoire des plus enormes crimes, fit que les amis d'Appollodore, & ses

& ſes parens firent ſa paix aueeque Vallias, & obtindrēt ſon pardon de Dom Sans. Car quand à Laure ſe voyāt en vn haure de Grace, tant s'en faut qu'elle reſpiraſt la mort de ce pecheur, qu'au cōtraire excuſant ſa faute ſur la violéce de ſon Amour, dont ſa beauté eſtoit aucunemēt coulpable, elle prioit tous les jours Dieu pour ſa reſipiſcéce, & ne voulut former contre luy aucune plainte en Iuſtice. Sur cét accord des parties offencées ayāt obtenu grace du Prince il reuint en ſa maiſon, qui n'eſtoit pas eſloignée de la demeure de Dom Sans ; la premiere

LIVRE III.

miere fois qu'ils se virét, imaginez vous combien ils furent eſtónez de la meſ-intelligence en laquelle ils auoient veſcu depuis qu'ils s'eſtoient broüillez & battus dans la Foreſt. Car Dom Sans luy reprochant ce qu'il auoit fait pour contenter ſa paſſion au prejudice de ſon honneur & de ce qu'il deuoit à l'alliance de Laure, & du Marquis ſon beau-frere, & Laure luy confeſſant qu'en l'aueuglement de ſa colere, il crût auoir eſté trahy. repreſentez-vous comme ſe púrent accorder ces choſes. Voila, luy dit Dom Sans, comme il ne faut point mettre

mettre la main au plat du Maistre, n'y vouloir pour soy ce que Dieu s'est reserué. Ceux qui sont en la main de Dieu ne pourront non plus estre esbranslez qu'vne montagne; & quoy que l'on brasse contre eux, tout leur reüssira à bien ; les afflictions leur feront comme la lime au fer qui l'esclaircit en le rongeant. Vos oppositions n'ont seruy qu'à aggrandir la reputation de la vertu de Laure, & à rendre sa vocation plus ferme & plus éclatáte. Mais Dom Sans comme vous parlez ; appartient-il au pecheur de raconter les Iustices de Dieu, & de

passer

passer par sa bouche polluée les paroles de son Testament? Est-ce à faire à celuy qui hait la discipline de la magnifier, & à celuy qui enfraint la loy du Seigneur d'en estre le Paranymphe ? Est-ce à faire aux trõpeurs de blasmer les tromperies, & aux adulteres d'inuectiuer cõtre ceux qui soüillent la couche de leur prochain? Il est messeant à vn cœur abondant en malice de proferer de bons propos. ce reuers vous regarde, Medecin guerissez-vous, ou dittes ce que vous faittes, ce que vous n'oseriez sans confusion, ou faittes ce que vous dittes.

Appol

Appollodore n'a eu que la volonté dont vous auez l'effect, encore sa fin alloit-elle aboutissant au mariage quoy que par des moyens iniustes: mais vous soüillez le vostre par vn concubinage malheureux ; si bien que voyant la paille qui est en l'œil de vostre parent, vous ne pensez pas à la poutre qui offusque le vostre. Pourquoy dis-je cecy. sur ce que Dom Sans apres auoir beaucoup feint & dissimulé sa passion pour Chrysoteme, en fin il arriua au point dont le Sage a dit que l'impie estant arriué à l'extremité du mal, mesprise
tous

LIVRE III.

tous les remedes, & vient iusques-là de se glorifier de son peché, de s'y complaire, & de le commettre non seulement auec impunité, mais ce luy semble auecque raison. Il mé desplaist de descouurir l'infamie de ce Cheualier: mais pourquoy ne pourray-ie pas escrire ce qu'il n'eut pas honte de commettre au scandale de tout son voisinage, à l'opprobre de sa famille, & au regret de tous ses amis. Il mit Chrysoteme en l'vn de ses Chasteaux dont il la rendit & Gouuernante & Maistresse, & demeuroit plus souuent auprés d'elle qu'auprés d'Hie-

Q

raque. C'estoit vn affront qui n'estoit pas supportable à vne honneste femme & du sang d'où Hieraque estoit sortie; elle s'en plaignit souuét à son Frere le Marquis, mais quel remede pouuoit-il apporter à ce malheur estant tousiours valetudinaire & si esloigné de la Catalogne. De dire l'insolence de Chrysoteme plus grande que celle d'Agar, il n'est point necessaire, puis que l'impudence & l'impudicité sont deux qualitez inseparables. Dom Sans viuoit ainsi partagé dans vn abysme de malheurs sans preuoir la suitte des desastres qui ac-
cueillent

cueillent infailliblemét ceux qui meinent vne telle vie. La parole de Dieu de verité ne peut mentir, & c'eſt-elle qui nous apprend que l'adultere outre la perte de ſon ame s'amaſſe la honte & l'ignominie, & ſe met l'opprobre ſur le front, parce qu'en fin la fureur ialouſe de ſa partie ne luy pardónera pas, & ne s'appaiſera ny par preſent ny par prieres; & qui menace celuy qui entretient vne vilaine de la perte de ſa ſubſtance. oracles que nous allons voir verifiez en Dom Sans. Sa femme apres auoir employé toute ſa prudence pour faire en ſorte qu'il chaſſaſt cette perduë qui le perdoit, & qu'il ſe retiraſt de ce mauuais train qui le ruinoit de ſanté, de biens & d'honneur, entra en vne telle rage que la ialouſie alluma dans ſon cœur qu'elle ſe reſolut à toutes les extremitez pour tirer ſa raiſon du tort qui luy eſtoit fait. Ce n'eſt pas qu'elle ne fuſt honneſte, & qu'elle euſt voulu pour tout l'or de la flotte de Seuille manquer à ſon deuoir; mais croyant rappeller ſon Mary au ſien en luy mettant des marteaux dans la teſte, elle feignit des intelligences auec Appollodore qui auoit bien aſſez

assez d'attraits pour ruiner la fermeté d'vne femme, & ces mines furent telles que ce Gentilhomme se persuada aisément qu'elle l'aimoit en verité; & côme elle auoit quelque traits de ressemblance & beaucoup de l'air de sa Sœur Laure, cette image renouuellant les playes d'Appollodore qui n'estoit pas bien fermées, s'imprima si bien en sa fantaisie, que côme vn cloud chasse par l'amitié d'Hieraque, il commença à se consoler de la perte de Laure. Mais Hieraque ne l'entendoit pas comme luy, car encore qu'elle fist

Auecque des traits feints des coups trop veritables; elle ne vouloit pas se laisser prendre encore qu'elle connust bié qu'il estoit pris. Tout au rebours des mauuaises qui font meilleure chere à leurs maris lors qu'elles leur font plus de tort; & que faisans le mal en secret veulent paroistre en public comme vertueuses: celle-cy estant fidele à son espoux desiroit luy dóner de l'ombrage, & le retirer par cette industrie de ses illegitimes affections. Mais ceste prudence de la chair pensa causer sa mort: car le fier Catalan prenát le soupçon pour crime;

crime; & ne voyant que trop de tesmoignage d'inclinatió qu'elle sembloit auoir pour Appollodore, il crût que le despit de se voir mesprisée pour Chrysoteme la porteroit à mettre vn autre en sa place; & cónoissant l'humeur d'Appollodore aisée à se piquer, il jugea aussi-tost de leur mutuelle correspondance tant de mal que la jalousie fait croire à vn cerueau qu'elle possede. Le voila en des fureurs implacables, & Hieraque bien aise que la mésche eust print feu, redouble ses marteaux par ses feintes caresses vers Appollodore. Dom

Sans qui redoutoit la peine du Talion ; & qui d'ailleurs sçauoit qu'à vne femme irritée la vengeance est vn bien plus doux que la vie ; ne se fioit pas beaucoup en la fragilité de la sienne : la ressemblãce de Laure luy fait craindre qu'elle ne soit à Appollore comme la statuë de Pigmalion ; en somme il est atteint de ce mal que tous bois nourrit, & que nulle liqueur ne peut esteindre; si vous voulez sçauoir son nom c'est celuy que l'on appelle ialousie. Au cõmencement il ressembloit à ces tonnerres qui grondent dans le nuage sans faire beaucoup

coup de bruit, en fin il fit briller les esclairs & gronder les tempestes. Il ne peut voir Appollodore aupres de Hieraque, & il veut bien que cette femme

Le voye aupres de Chrysotemes,
Iniuste vrayement est celuy,
Qui trouue odieux en autruy,
Ce qu'il auctorise en soy-mesme.

Hieraque voyát qu'elle auoit donné dans les yeux d'Appollodore, & qu'elle s'en pourroit seruir pour se deffaire de son ennemie, l'ayant disposé à tout ce qu'elle voudroit exiger de son seruice, luy dict vn jour que Chrysoteme l'auoit trahy, & auoit esté cause que Laure s'estoit sauuée dans le bois la secóde fois qu'il la voulut enleuer; & certes en cela elle ne disoit rien de calomnieux ny de son inuention ; car c'estoit Chrysoteme qui s'estoit en cela coupé la gorge de son propre couteau, ayant dit à Hieraque lors que Dom Sans l'amena chez-luy & deuant que sa mauuaise vie fust tout à faict descouuerte, qu'elle auoit conseillé à Laure de s'euader preuenant l'embusche d'Appollodore ; & disoit-elle cela pour se mettre aux bonnes

nes graces de la femme de Dom Sans, en luy faisant croire qu'elle auoit sauué sa Sœur des mains de celuy qui la vouloit rauir. Appollodore qui tenoit pour Oracle tout ce qui sortoit de cette bouche aimée, ioint que ce rapport estoit veritable, y porta soudain sa creance; & là dessus proietta de se vanger à quelque prix que ce fust de la trahison de cette meschante qu'il croyoit l'auoir si laschement trompé. Hieraque aise à merueilles de le voir en cette resolution, y adiousta ses prieres, qui fut ietter de l'huile sur vn grand brasier. Tout le mettre tout à faict hors des gonds, ne voila pas que Dom Sans las de tant de priuautez qu'il prenoit auecque Hieraque, & ne pouuant plus supporter l'enfer de sa ialousie luy va interdire l'entrée de sa maison. Ceux qui sçauent l'arrogance des Espagnols & sur tout la fierté des Catalans, connoissent bien qu'vn pareil affront appelle non pas des duels qui ne sont connus qu'en France, mais des assassinats dont ceux du Leuant & du Midy sõt de bõs ouuriers. si bien que l'on peut dire que Dieu nous garde des surprises & des inuasions du Demon

mon du Midy. Aussi apres beaucoup de paroles outrageuses de part & d'autre, le congé que prit Appollodore de Dom Sans fut qu'il gardast bien sa femme, & qu'il se gardast de luy. Dom Sans luy repartit que Dieu garderoit la Lune des loups, comme il auoit faict Laure. Appollodore en l'absence de Dom Sans roda tant autour du Chasteau où il tenoit Chrysoteme qu'il y entra en habit deguisé & y poignarda cette malheureuse, satisfaisant ce luy sembloit en mesme temps à sa double vengeance & à son double Amour, & se soulageant en

vn

vn coup de quatre passions. Car il se vágeoit du tort qu'il pensoit auoir receu de cette traistresse, & aussi de l'affront que luy auoit fait Dom Sans en luy deffendant sa maison; & de plus il contentoit en quelque façon l'affectió qu'il auoit eüe pour Laure & qu'il auoit lors pour Hieraque. Voila comme les meschans perissent dans les pieges qu'ils dressent, & comme cette chetiue creature qui auoit faict banqueroute à Dieu & à son honneur perit misérablemét. De dire les coleres de Dom Sans & les mauuais traittemens qu'il en fit à Hieraque
il

il est impossible. Il crût que Appollodore luy en gardoit autant qu'à Chrysoteme, & que pour auoir sa femme il chercheroit tous les moyens de se deffaire de luy. C'est pourquoy tant pour satisfaire à sa vengeance que pour pouruoir à la seureté de sa vie, il delibera de le preuenir. Cela luy fut aisé, parce qu'Appollodore picqué par Hieraque venoit comme vn oiseau niais se prendre au miroir, rodant tous les iours en habit deguisé autour de la demeure de celle qui possedoit ses desirs. Son cœur estoit tousjours auec elle comme en son

thresor, mais thresor tres-ord puis qu'il rempliſſoit ſon cœur d'ordure, & ſes yeux, comme parle vn Apoſtre d'vn infame adultere & d'vne paſſion d'offencer qui ne ceſſoit de le trauailler. Dom Sans plus ruzé que ce ieune eſtourdy reconnut facilement ſes briſées, & ne manqua pas de luy mettre en queüe vne meute de Braues qui le taillerent en pieces en vn ſoir. Cét aſſaſſinat faict ſi pres de la maiſon de Dom Sans ſans autre preuue le rendit coulpable de ce crime; & ſe voyant vne forte partie & tous ſes parens ſur les bras, il fut contraint de s'abſenter, &
de

de se declarer criminel par sa fuitte. L'enqueste fut briefue, le procez court, la condamnation prompte, & luy executé en effigie & tous ses biēs confisquez. Voila la fin ordinaire des trahisons des assassinats & des adulteres.

O le Dieu de mon cœur & ma
part eternelle,
Voila ceux periront qui te vont
delaissant;
Tu perdras tout esprit autre
amour pourchassant.
Et qui t'est infidele.

Hieraque en cette desroute de sa maison se retira aupres du Marquis son frere qui s'estoit marié auecque Medonte, & qui menoit vne vie fort douce & fort contente auecque sa chere partie. Il estoit en paix parce que suiuant les traces de son bon Pere Segeric il viuoit vertueusement;& cette paix mettoit l'abondance dans ses tours, les greniers regorgeans de bled, ses celiers de vin, & sa famille de toutes commoditez. Il eut de beaux enfans de Medonte, qu'il esleua en la crainte de Dieu, exerçant tousiours l'hospitalité enuers les pauures & les Religieux qui sont les vrays pauures Euangeliques puis qu'ils ont tout quitté pour suiure IESVS-CHRIST, ainsi qu'auoit

uoit faict le Marquis son Pere. Si Medonte n'apporta pas de grands biens à son mesnage, elle y apporta beaucoup de Vertus qui sont les vrayes richesses d'vne femme;

Dont la dotte est assez grande
Si elle a de bonnes mœurs,
dit vn sage Ancien. Si elle ne continua pas en son premier dessein, elle n'y estoit point aussi engagée par vœu ; & le Sauueur parlant de la Continence, a dit que tous ne pouuoient pas atteindre à ce qu'il en auoit auancé. Qui ne peut le plus, se doit contenter du moins ; dans le Paradis terrestre de l'Eglise il y a de toute sorte

sorte de plátes, les vnes grandes les autres moindres, & toutes doiuent porter selon leur espece des fruicts & des fleurs: telle ne seroit pas bonne Religieuse qui seroit bône Mere de famille. & Laure qui n'eust iamais reüssi dans les mesnages du Monde deuint excellente dans vn Cloistre. Car elle s'y rendit si perfaitte que l'odeur de ses Vertus embauma non seulement la ville de Sarragoce mais tout l'Arragon. Elle fit par des Peres de son Ordre satisfaire aux vœux de Montserrat & de Lorette qu'elle auoit faits durant ses tribulations; & ayant
dispo

disposé de ses biens en œuures pies elle fit profession en son Monastere, où elle couronna vne sainte vie d'vne mort precieuse deuant Dieu. Voila ce que i'appris sur les lieux passant en Arragon pour aller en Castillan. Car estant allé faire mes deuotiõs en l'Eglise qui est dãs le Chasteau qui fut de Segeric & de Vallias, comme i'admirois la richesse des tableaux & des ornemens en vn village, le Curé qui estoit vn fort honneste & capable Ecclesiastique, me dit que c'estoient les monumens de leur Beate. Ce mot à l'abbord me fit croire

ou

ou qu'ils auoient là quelque corps Sainct, ou que cette maison auoit eu quelque personne de sainte vie. mais m'enquerant quelle estoit cette Beate, i'appris ce que ie viens de descrire de son recit; il me fit voir la tribune où ces Beates du temps de Segeric recitoient leur office, leur dortoir & autres lieux où elles faisoient leurs assemblées. Il y auoit peu de temps quand il me racontoit tout cela que Hieraque & Laure estoient mortes & Vallias aussi; Medóte estoit encore en vie, qui auecque ses enfás estoit alors en son Marquisat au Royaume

me de Valence. Cette Narration me plut beaucoup, & ie l'ay touſiours eüe en l'eſprit iuſques à maintenant que ie l'ay deſchargée ſur ce papier ſelon que la memoire me la pû ſuggerer. Quand il me la raconta, ie treuuay ces euenemens ſi extraordinaires que ie prenois cela pour vne fable ou pour ces Romans dont les Eſpagnols ſont grands Inuenteurs : mais le perſonnage qui me parloit & la ſouuenance encore ſi fraiſche de toutes ces choſes dont il eſtoit teſmoin comme oculaire, me firent acquieſcer à le croire. Ie me ſouuiens que
ie

ie luy dis qu'il sembloit que ce fust la fable de Daphné historiée. Car les Poëtes content que Daphné fille du fleuue Penée, d'autres disent de Ladon, fut vne Nymphe passionnémét aimée par Appollon ; laquelle contre la volonté de ses parens qui la vouloient marier, voüa sa virginité à Diane & se mit au nombre de ses suiuantes. Leucippe ieune Gentilhomme de Thessalie deuenu esperdu pour sa beauté, & ne pouuant l'accoster parce qu'elle fuyoit l'abbord de tous les hommes, se vestit en Nymphe & se mit à la suitte de Diane parmy
les

les autres. Mais Appollon ialoux des priuautez que ce mortel auoit aupres de Daphné en qualité de fille, descouurit sa tromperie aux autres Nymphes, qui l'ayans faict despoüiller en vne fontaine où elles se lauoient & reconnu pour masle, le percerent de tant de fleches qu'il en mourut reclamant en vain le secours de Diane & l'Amour de Daphné. Apres la deffaitte de ce Riual, Appollon ne pouuant plus supporter l'impetuosité de ses desirs, & voulant auoir par force de Daphné ce qu'il ne pouuoit obtenir de bon gré, courant

R

après elle qui inuoquoit à son aide le secours de la Deesse des forests; cette Maistresse la changea en Laurier, duquel depuis ont esté faittes les Couronnes des Triomphateurs; peut-estre pour monstrer qu'entre les Victoires il n'y en a point de si digne de Triomphe que celle que l'on obtient par la Continence contre la deshonnesteté. En la mort du temeraire Strophe est l'idée de celle de Leucippe, ou Leucippe est l'image de celle de Strophe; il est vray qu'il y a cette difference que Strophe n'estoit pas passionné pour Laure comme l'autre l'autre estoit pour Daphné. Appollon trahissant Leucippe ne vous faict-il pas voir Appollodore descouurant le stratageme de Strophe? Mais le plus grand traict de conuenance à mon gré est celuy de Laure cachée dedans le Rouure (car c'est vne particularité remarquable & que ie me fis reciter deux fois pour en estre mieux instruict & plus asseuré) & Daphné changée en Laurier. l'vn & l'autre de ces arbres estans tousiours verds. Il est vray qu'en l'imposition des noms ie me suis donné la liberté que i'ay accoustumé de prendre és autres Histoires les mettant à mon gré. Et certes à nommer Laure & Laurette i'ay eu visée à Daphné, car il me souuient que le vray nom de cette Beate estoit Cecile ; & celuy d'Appollodore ie l'ay rendu conforme à Appollo, bien qu'il portast celuy d'Inigo qui est le grand Apostre S. Iaques Patron de l'Espagne. Et c'est pour ce mesme sujet que i'intitule cette Histoire de celuy de DAPHNIDE, qui est le diminutif de Daphné, comme Laurette de Laure. Ie sens bien qu'il y a des esprits qui ne se baignent que dans les eaux de contradiction, qui

s'ima

s'imagineront que i'aye forgé cette Histoire sur cette fable, encore que l'on voye que pour vn traict de ressemblance il y en ait plusieurs de dissemblance, & soustiendront-ils leur opinion sans autre dessein que de décrediter la verité, de laquelle ils se declarent autant ennemis qu'ils sont Amoureux de ces doctes fables que l'Apostre blasme. Ie les auertis amiablement de ne se faire point de la Confrairie de ceux qui persecutent le vray pour leur plaisir, & qui l'impugnent de sang froid, mettás la lumiere pour les tenebres & les tenebres

pour la lumiere. Qui n'admireroit leur bigearrerie? iugez-la par cét échantillon ; aussi-tost que dans ces Romans fabuleux, de la lecture desquels ils sont plus empressez que les enfans de leurs pouppées: ils rencontrent quelque image de ressemblance, aussi-tost ils se figurent que ce sont des veritez cachées, mais auec que tant d'industrie qu'elles sont impenetrables ; & cette difficulté ou plustost impossibilité les picque à la recherche d'vne ombre qui les fuit, si bien qu'à la fin las & recreus du tourmét qu'ils donnent à leurs esprits cherchans
vne

LIVRE III.

vne mine où il n'y a point de metal, ils se treuuent vne creuse nuée entre les bras au lieu d'vne Iunon solide. Et ce qui est d'admirable c'est qu'ils sont tellement ennyurez du laict empoisonné qu'ils succent aux mammelles de ces Lamies, que comme ceux qui sont charmez par des fausses illusions pensent voir ce qui n'est pas; ils s'imaginent des sens ausquels l'Autheur ne pensa iamais, & dés le premier sentiment & vne foible fumée ils pensent rencontrer la proye qui s'eschappe de leur suitte & leur donne cent deffauts. Ils courent ainsi alterez de treuuer la verité qu'ils n'attrappét iamais, ils mirent vn but où ils ne peuuent donner; trauaillans en vain & lisans tousiours sans arriuer à la connoissance du vray. Il en prend de ces Liures-là comme des Enigmes à qui l'on donne le sens & le visage qu'on veut. N'est-ce pas vne merueille de voir combien de diuerses allegories on donne aux resueries & aux feintes du bon Homere pour le faire plus sage qu'il ne fut iamais. Les Poëtes ces forgeurs de Chimeres & à qui l'on attribue communément quelque degré de folie, sont à ces

ces gens-la les plus sensez & subtils de tous les Escriuains; leur langage mesuré & contrainct sera celuy des Dieux, & la prose celuy des hommes. Mais passe encore pour les Poëtes qui font vne profession ouuerte d'inuenter des fictions, c'est à dire, de mentir delicieusement: mais ces Escriuains de Romans quelques declarations qu'ils facent dans leurs Prefaces, que ce qu'ils representét sont des pures fables conceües dans le vuide de leurs cerueaux; & quand ils ne le declareroient pas, à lire les noms des païs qui ne furent iamais, ou des

R 5

actions qui ne furent iamais faittes aux païs qu'ils nomment; à voir les impoſſibilitez qu'ils rapportent, faiſans ſortir des perſonnes du milieu des eaux comme des Tritons ou des Sirenes, forgeans à leur gré des Satyres, des Nymphes, des Hyppogriphes & autres animaux mõſtrueux qui ne furent & ne ſeront iamais; faiſans parler des animaux ou leur donnans du iugement, forgeans des Palais de criſtal ſous les ondes de la mer, & en vn beſoin des mondes nouueaux dans l'orbe de la Lune, ſuppoſans des Metamorphoſes, des enchantemens, des
fontài

fontaines feées, & mille autres folies que l'on souffriroit à peine en la bouche d'vne vieille qui veut amuser des enfans au coin d'vn foyer. qui ne voit que tout cela n'est qu'vn fatras inutile & vn ramas de bagatelles. Cependant ce sont là des viandes de haut goust pour les enfans du monde qui n'aiment que la mensonge & la vanité, & qui sont mensongers en leurs balances. Les Amadis à leur conte sont des Histoires arriuées du temps de celuy qui chargeoit le monde de ces horribles amas d'impertinences, mais Histoires déguisées artificieusement. La Diane de Montemajour qui n'est qu'vn enlassement de Romances, d'exclamations & d'inuentions extrauagantes & Chimeriques, est à leur dire le recit des passions des plus Grands de la Cour d'Espagne: le mesme se persuadent-ils de tant de doctes fables que nostre siecle fertile en beaux & sterile en bons esprits va produisant tous les iours. Que si pour contreluitter ces inepties que l'oisiueté & la demangeaison d'escrire iointe au desir de paroistre & d'acquerir du nom engendrent dans l'Amour de la

parle

parlerie, on propose des Narrations & vertueuses & veritables on cherchera des nœuds en ces ioncs, & pour arrester leur cours. il suffira d'vn petit mot de Remore en disant temerairement que tout cela est fabuleux. D'où leur pourroit venir ce dégoust sinon de l'auersion que les mondains ont du bien, ou de ce que la verité leur est odieuse, ou de ce qu'ayans mangé de ces fruicts verds, aspres & mal meurs, leurs dents en sont tellement agacées qu'ils ne peuuent mordre qu'à peine dans le pain, ou dans vne viande plus solide.

de. ou de ce que semblables à celles qui ont les pasles couleurs les ordures seroiét leurs appetits & leurs delicatesses. Si cela est, il faut excuser ces esprits malades si leur goust estant alteré ne peut bien iuger de la bonté des viandes salutaires. Mais qu'ils troublent l'eau claire, & comme la Seiche qu'ils noircissent des pures sources de l'ancre de leur calomnie, c'est ce qui n'est pas supportable. Ie comparerois volontiers ces gens-la à ces roigneurs de monnoye qui luy ostans le poids en gastent la marque, & en coupent l'inscription peruertis-

sans

sans l'vsage public, & rendans leger ce qui estoit de bonne mise auant qu'il passast par leurs mains. Les Histoires que ie produis sont de franc alloy, ie produits les temps, les lieux, mes témoings, mes Autheurs, à peine que ie ne monstre le fond du sac, que ie ne me renuerse les entrailles & ne descouure tous les ressorts de l'horloge; c'est tout vn, s'il y a vn petit incidét qui heurte l'imaginatiue de ces timbres delicats, & qui passe sa conception; aussi-tost par vn mespris arrogant & vn croulement de teste, ces harpies saliront cette bonne viande
de

de ce sale esmeut, pésez-vous que cela soit veritable, cela est escrit & inuenté à plaisir. Or sus ils en croiront ce qui leur plaira & rien du tout s'ils ne veulent, lauer la teste d'vn more & auancer des raisons à ceux qui n'en ont ou qui n'en veulent point, c'est vne mesme chose. On ne sçauroit faire boire vn gent d'Arcadie, dit le prouerbe, s'il n'a soif; & persoñne dit Lactance ne peut estre forcé de croire contre son gré. Il me suffit en cette Narration de l'auoir puisée en sa source, d'auoir cueilly cette plante en son terroir & sur son pied, & re-
cueilly

cueilly cette manne au lieu mesme où elle est tombée. Ce m'est assez que l'on tire quelque fruict des enseignemens qui sont glissez dans son tissu. Vn Lecteur docile & iudicieux y pourra remarquer beaucoup de traicts qui luy seruiront à regler ses mœurs & à conduire sa vie. Et principalement il y apprendra que le vice traine tousiours celuy qui en est entaché en des precipices & en des succez miserables. Au contraire que la Vertu est en la particuliere protection du Dieu des Vertus. que qui touche les gens de bien le touche en la prunelle

nelle de l'œil; & sur tout qu'il est vn Dieu ialoux des ames qui sont ses espouses. Au fond tout ce Narré aboutit à ce point de faire voir le trophée d'vne inuiolable Continence, & malgré tous les euenemens diuers & les contraires efforts du Siecle, du Sang, & de l'Enfer de monstrer en son lustre l'INTEGRITÉ VICTORIEVSE.

FIN DE L'HISTOIRE
DE DAPHNIDE.

Acheué d'imprimer le 4. Septembre, 1625.

www.ingramcontent.com/pod-product-compliance
Lightning Source LLC
Chambersburg PA
CBHW052229230426

43666CB00034B/2241